◆本書に関するお問い合わせについて
　本書の記述の正誤、内容に関するお問い合わせは、お手数ですが、小社あてに郵便・ファックス・メールでお願いします。お電話でのお問い合わせはお受けしておりません。内容によっては、ご質問をお受けしてから回答をご送付するまでに1週間から2週間程度を要する場合があります。
　なお、本書でとりあげていない事項や個別の案件についてのご相談、監修者紹介の可否については回答をさせていただくことができません。あらかじめご了承ください。

JN146887

すぐに役立つ

◆図解とQ&Aでわかる◆
金銭貸借・クレジット・ローン・保証の法律とトラブル解決法128

認定司法書士 **松岡 慶子** 監修

三修社

はじめに

　借入れができる金額に制限を設ける総量規制の導入によって、ここ10年で多重債務の問題はいったん収束したようにも見えましたが、規制外とされた銀行カードローンの台頭により、2016年には、自己破産の申請数が13年ぶりに増加し、多重債務が再び深刻な社会問題となっています。

　また「老後破産」として高齢者の貧困問題や、非正規雇用の拡充により生活保護水準の生活から脱却できない若年層の貧困問題も、看過しがたい重い問題を投げかけています。

　借金問題は法的に解決可能な問題のひとつです。

　借金の総額や収入の額に応じて、任意整理や特定調停、個人民事再生や自己破産などの方法により借金を整理して生活の立て直しを図ることができるのです。借金の返済に困った場合は、決して一人で抱え込まずに、弁護士や司法書士などの専門家に相談するようにしてください。必ず、あなたにあった解決策が見つかるはずです。

　本書では、任意整理や個人民事再生、自己破産といった借金の整理方法だけでなく、借金の返済に際してトラブルになりがちな問題を取り上げ、その対処法について詳しく解説しています。また、違法な取立てや請求にあった場合の対処や、保証人を依頼された場合の注意点などについても広く言及することで、個々の借金問題に関するトラブルを解決できる道筋を示しています。時効や保証契約など一部の項目については平成29年に改正された民法の改正内容にも対応しています。

　本書が、借金問題に苦しむ方々の救済の一助となり、生活再建へ向けての足がかりに役立てていただければ、監修者としてこの上なく幸せです。

監修者　認定司法書士　松岡　慶子

Contents

はじめに

第1章　借金の返済をめぐるトラブル

1　返済期以外は約束しないで友人からお金を借りた場合、返済期限を遅れてしまうと、元本以外の金銭を支払う必要があるのでしょうか。　14

2　金銭消費貸借契約で毎月所定日に返済を行っていますが、貸主が領収書の発行を請求しても渡してくれません。支払いを拒否できるでしょうか。　16

3　借用書あるいは契約書がないと金銭消費貸借契約は無効なのでしょうか。　18

4　金銭消費貸借契約において、弁済期に支払わなかったり、約束した金額に満たない額を支払った場合、債務の残額はいくらになるのでしょうか。　19

5　ある金融業者から借りた100万円について、他の業者に借り換えたいのですが、注意点はありますか。　21

6　金銭消費貸借契約に基づき、貸金を返済したのですが、貸主がお金を受け取ってくれません。この場合でも遅延損害金等が発生するのでしょうか。　23

7　500万円の金銭消費貸借契約で貸主が死亡した場合に、借主の返還義務は消滅しますか。相続人等がわからない場合はどのようにすればよいでしょうか。　24

8　取立てに来た人が借用書を持参していたので、言われるがままに支払いをしました。その後、債権者でなかったことが判明しましたが、私の行った弁済は有効にはなりませんか。　26

9　友人に頼まれて金銭消費貸借契約の保証人になりました。その友人が死亡した場合、保証人の責任はどうなるのでしょうか。　27

10　被相続人の相続財産を調査したところ、負債が多いことが判明しました。相続放棄をするにはどのようにすればよいでしょうか。　29

11　親に借金があるので相続放棄をしたいのですが、先に自宅を売却してもよいのでしょうか。また、自宅に住み続けることも可能でしょうか。　30

12　弟が事業運営のために借り入れた資金を返済せず音信不通にな

	りました。弟の借金を代わりに支払えと要求された場合、支払う必要はあるのでしょうか。	32
13	弟に実印や印鑑証明書を預けてくれと頼まれたのですが、どのようなリスクが考えられるでしょうか。	34
14	金銭消費貸借契約について、代理人に金額欄を空欄にした委任状を作成して渡した場合、どのようなリスクが考えられるでしょうか。	35
15	自分が経営する会社が破産手続を行うことになった場合、会社の債務を保証している自分はどのような対応をとる必要がありますか。	36
16	10年以上前に消費者金融から10万円を借りて以来、一度も返済をしていなかったのですが、最近、債権者から督促状が届きました。支払いをしなければならないでしょうか。	38
17	絵画の代金返済を貸金の返済に変更できるのでしょうか。また、代金債務の保証人は変更後の貸金返済債務も保証しなければなりませんか。	40
18	売掛債権が譲渡され、債務者が同額の貸付債権と相殺したいと考えているのですが、債権の譲受人に相殺を主張することは可能でしょうか。	41
19	自分が支払義務を負う債権が複数の人に対して譲渡された場合、債権譲渡の通知を受けた後に誰に支払えばよいのでしょうか。	43
20	手形貸付による融資を受けたいのですが、注意点はありますか。	44
21	貸金業者からお金を借りる場合に、借入額に上限はあるのでしょうか。	45
22	銀行のカードローンも年収の3分の1までしか借りられないのでしょうか。	46
23	貸金業者に収入の状況がわかる書面の提出を求められたが何に使うのでしょうか。	47
24	貸金業者に「指定信用情報機関に情報を提供する」ための同意を求められたのですが、必要なのでしょうか。	49
25	金銭消費貸借において返済額や利息等に不満がある場合、法律相談に行くときには、どんな準備をすればよいのでしょうか。	51
26	借金を返済したのに、強制執行手続きが進行してしまうことがあるのでしょうか。またその場合、どのように対処すればよいでしょうか。	52

第2章　クレジット契約をめぐるトラブル

1　商品を分割払いで購入する場合どんな方法があるのでしょうか。　54

2　クレジットカードを利用して一括払い以外の方法で支払う場合にはどんな方法があるのでしょうか。　56

3　割賦販売の広告や書面の受取りにあたって注意すべきことは何でしょうか。　58

4　期限の利益喪失約款があると即日一括払で請求されても仕方ないのでしょうか。　60

5　購入した家具の所有権が製造業者に留保されていた場合にはどうなるのでしょうか。　62

6　提携ローンはローン提携販売と違うのでしょうか。　64

7　クレジットカードで購入した商品をキャンセルするとどうなるのでしょうか。　66

8　カードの入会審査に通らず納得がいきません。なぜ審査に通らなかったのか、確認する方法はないでしょうか。　68

9　カードの盗難保険制度について知りたいのですが。　70

10　クレジットカードを不正に使用された場合はどうしたらよいでしょうか。　72

11　知人のパソコン購入時にカードを貸しましたがその知人が夜逃げしてしまいました。パソコンの購入代金を支払う必要があるのでしょうか。　74

12　クレジット契約で商品を購入する際どんなことに気をつければよいのでしょうか。　75

13　クレジット契約で注文した物と違う商品なので支払を止めたいのですが。　77

14　契約解除に伴い商品を返還してもクレジット代金を全額払う必要があるのでしょうか。　79

15　クレジット契約で購入した商品を解約したいのですがどうしたらよいのでしょうか。　81

16　クレジット契約の分割払いにより購入した契約を取り消したら、支払ったお金を返してもらえるのでしょうか。　82

17　親の同意がないとクレジット契約を結べないのでしょうか。　84

18　お得な情報や優待券、商品券などの特典がある百貨店の「友の会」への入会をする際に、注意しておく点はありますか。　86

第3章　住宅ローン返済や任意売却をめぐるトラブル

1. 住宅ローンが支払えない場合にはどうしたらよいのでしょうか。　88
2. 住宅ローンを組むと設定される抵当権とはどのようなものなのでしょうか。　90
3. 夫婦でペアローンを組んで住宅を購入しましたが、離婚することになった場合、ペアローンで支払う物件はどうしたらよいのでしょうか。　92
4. 競売や任意売却はどちらを利用するのが有利なのでしょうか。　94
5. 自宅が競売にかけられそうなのですが、どのような準備をしておくべきでしょうか。　96
6. 住宅ローンを支払えず自宅が差し押さえられ競売にかけられることになりました。即座に出て行かなければなりませんか。　98
7. 任意売却を検討していますが、不動産の共有名義人である元配偶者の同意をもらわないといけないのでしょうか。　100
8. 任意売却ではどんな手続きをするのでしょうか。スケジュールを教えてください。　101
9. 住宅ローンの支払いが困難であるため任意売却を検討しています。住宅ローン債権者との交渉ではどのような点に注意すればよいですか。　103
10. 住宅ローンの支払いが滞納気味で債権者から任意売却を持ちかけられました。応じるか否か検討する際に気をつけるべき点はありますか。　105
11. 住宅ローンの支払いが苦しくなっているので任意売却することも検討しています。債務者として、どのような準備が必要ですか。　106
12. 自宅を資産家の親戚に売却して住み続けたいのですが、可能でしょうか。　108
13. 任意売却によって債務が減れば弁護士ではなく認定司法書士に債務整理を依頼することも可能なのでしょうか。　110

第4章　保証・連帯保証・根保証をめぐるトラブル

1. 保証契約とはどんなしくみになっているのでしょうか。　112
2. 保証にはどんな種類があるのでしょうか。　114
3. 主たる債務者の債務が詐欺によって取消し等の主張ができる場合、保証人は、主たる債務者の抗弁権を主張できますか。　115

4	友人がマンションを借りる際に保証人になることを依頼されましたが、通常の保証契約と異なる点はあるのでしょうか。	116
5	個人による貸金の根保証契約で保証限度額・期間の定めは必要でしょうか。	118
6	金銭消費貸借契約の締結にあたり、成年被後見人を保証人とすることはできますか。保証人の資格や責任に制限等はあるのでしょうか。	119
7	主たる債務者が履行しない場合、具体的に保証人はどのような責任を負うことになるのでしょうか。	121
8	債権者から支払を請求されたものの保証人が支払うことができない場合、どのような対応をとることができるのでしょうか。	122
9	根保証契約を結んで連帯保証人になっているのですが、主たる債務者の資力に不安を感じており、連帯保証人を辞めることはできますか。	123
10	保証契約締結時から長期間経過し、特に連絡等もないため、保証人をやめたいのですが、そのようなことは可能ですか。	124
11	民法改正で個人保証が禁止されると聞いたのですが、本当でしょうか。	126
12	保証人になるよう依頼を受けましたが、実際に契約を締結する際はどのような点に注意する必要があるのでしょうか。	128
13	融資に際して保証人を立てる上で、注意しなければならないことはどのような点でしょうか。	130
14	自分が代表取締役を務める会社の借入金について連帯保証人になっている場合、代表取締役を辞めたときは連帯保証人を辞めることはできるのでしょうか。	131
15	知人の債務の保証人になっていたところ、債権者に返済を請求されました。返済の請求を受けたことを主たる債務者に通知をする必要はありますか。	132
16	主たる債務者の財産状況や履行状況などの情報について、どのような形で保証人に提供する義務を負っているのでしょうか。	133
17	子どもが印鑑を無断で持ち出して、親を保証人とする保証契約を結んでしまった場合、無効や取消しを主張できる場合があるのでしょうか。	135
18	事業者との間で個人保証契約を結びましたが、消費者契約法による保証契約の取消しを主張できる場合があるのでしょうか。	137

19	他にも保証人がいるとだまされ保証人になりました。この場合、どのような対応が可能でしょうか。	139
20	債権回収会社から保証債務を履行するよう請求されましたが、応じる必要はあるのでしょうか。	140
21	保証人は債務者が債権者に対して有する債権でもって相殺を主張して保証債務を免れることはできるのでしょうか。	142
22	家屋の賃貸借契約の連帯保証人を依頼しようと思っている父は年金生活者であり資力も不十分です。このような場合でも連帯保証人になれますか。	144
23	家屋の賃貸借契約で、連帯保証人がいるのに保証会社をつけるのはなぜでしょうか。	146
24	マイホームの購入の際に、夫名義で住宅ローンを組み、妻である私が連帯保証人になりました。離婚した場合に連帯保証人をやめることはできますか。	147
25	保証人になるのと抵当不動産を提供する物上保証人になるのとではどのような違いがあるのでしょうか。	148
26	債務者の委託を受けて連帯保証人を引き受けて、実際に債務を支払った場合、債務者に対して支払った金額の返還を求めることができますか。	150
27	保証人が債務の一部弁済を行った場合、求償関係はどのようになるのでしょうか。	151
28	複数の保証人がいる場合の求償関係について教えてください。	152
29	友人の銀行に対する200万円の借金について依頼を受けて連帯保証人になり、返済しない友人の代わりに支払いました。求償は可能でしょうか。	155
30	主たる債務者が破産手続開始の決定を受けました。この場合、連帯保証人の私は、債権者に保証債務の消滅を主張することはできますか。	156

第5章　違法な取立て・過払い請求をめぐるトラブル

1	消費者金融への返済が遅れたところ暴力的な取立てをしてきました。対抗手段はないものでしょうか。	158
2	カードで買った商品を貸金業者が約束の値段で買ってくれませんでした。どうしたらよいでしょうか。	160

3	多重債務解消のために紹介屋を利用したら債務が増えてしまいました。どうしたらよいでしょうか。	162
4	ヤミ金融業者から借金をしましたがどうすればよいでしょうか。	163
5	金融業者が勝手に口座に金を振り込み返済を要求してきました。どうしたらよいでしょうか。	165
6	過払い金を返還請求することができる場合とはどんな場合でしょうか。	167
7	過払金の返還を自分で請求することはできるでしょうか。	168
8	自分で金融業者に過払金返還請求をしましたが応じてもらえません。どうしたらよいのでしょうか。	170
9	消費者金融業者から身に覚えのない借金の督促状が届きました。どうしたらよいのでしょうか。	172
10	専門家に債務整理を依頼しようと思っています。広告などで派手に宣伝している事務所もありますが、問題のある事務所を見分けるにはどうしたらよいのでしょうか。	173

第6章　任意整理・特定調停・個人民事再生をめぐる法律問題

1	債務の返済が困難になったために、債権者との間で特定調停を利用する場合にはどんなことに注意するべきでしょうか。任意整理とはどう違うのでしょうか。	176
2	特定調停や任意整理で合意した返済ができなくなってしまいました。どうしたらよいでしょうか。	178
3	個人民事再生とはどんな手続きなのでしょうか。通常の民事再生よりも債権者の関与は少ないのでしょうか。	180
4	事業経営がうまくいかず、法的整理を検討しています。破産手続開始と個人民事再生のいずれの手続を選択すべきでしょうか。	182
5	会社員です。自宅を失わずに債務整理をしたいのですが、どのような方法がありますか。	184
6	個人民事再生は債務総額が5000万円以下でなければ利用できないと聞きましたが、すべての債務が対象になるのでしょうか。	186
7	小規模個人再生手続きを利用しようと考えている場合に、再生計画が認可されない場合もあるのでしょうか。	188
8	再生計画の返済が半分になったところで、再生計画の実現が難しくなった場合は、どのようにすればよいでしょうか。	190

9 会社での地位と生活を守りながら債務整理をしたいのですが、可能でしょうか。 　192

10 給与所得者等再生を利用する場合に、計画弁済総額の基準になる可処分所得とはどのようなものなのでしょうか。 　194

11 住宅ローンを延滞し、保証会社が代位弁済をしてしまうと自宅はどうなるのでしょうか。 　196

12 住宅資金特別条項を盛り込む場合にはどのような内容にしたらよいでしょうか。 　198

13 どんな場合に保証会社の競売中止命令が出されるのでしょうか。 　200

14 住宅ローン特則が利用できない場合とはどのような場合でしょうか。 　202

15 月々の住宅ローンの返済額を軽減する方法にはどんなものがあるのでしょうか。 　203

第7章　自己破産をめぐる法律問題

1 自己破産の申立てをすれば、浪費やギャンブルなどの借金でも支払義務はなくなるのでしょうか。 　206

2 債務額が小さくても自己破産できるのでしょうか。 　208

3 外国人は自己破産できるのでしょうか。 　209

4 破産手続開始決定は破産者にどんな影響を与えるのでしょうか。 　210

5 夫が破産すると妻の財産はどうなるのでしょうか。破産後の家族の財産はどうなるのでしょうか。 　212

6 破産手続開始の申立てをした場合、勤めている会社にその事実を知られてしまうのでしょうか。また知られた場合に、会社を辞める必要はないのでしょうか。 　214

7 破産すると生命保険や学資保険も解約する必要があるのでしょうか。解約返戻金などは差押の対象になるのでしょうか。 　216

8 破産すると、賃借しているアパートから追い出されてしまうのでしょうか。また、連帯保証人が破産した場合には、どのように扱われるでしょうか。 　218

9 自己破産すると手元にお金を残せないのでしょうか。 　220

10 自己破産を申し立てることによって、自家用自動車も差押の対象になり使用できなくなる場合があるのでしょうか。 　222

11 自己破産すると自宅はどうなるのでしょうか。 　224

12 破産すると給料や退職金を差し押さえられることもあるのでしょうか。 227

13 自己破産して免責決定を受けると税金や社会保険の滞納分はどうなるのでしょうか。 229

14 不注意による交通事故の賠償債務や離婚の慰謝料、養育費は自己破産で免責されるのでしょうか。 230

15 クレジットで購入した車を売ったら免責を受けられないのでしょうか。 233

16 自己破産を申し立てたいと思っているのですが弁護士や司法書士に依頼するための費用がないのですが。 234

第8章　債務整理の手続き

借金整理法

借金整理の判断と相談先　236／弁護士や認定司法書士に依頼する場合の費用　237／引き直し計算で正しい借金額を把握する　237／各借金整理法を検討する　238／任意整理や特定調停　238／個人民事再生　240／破産（自己破産）241

自己破産手続き

破産手続き　242

同時廃止と管財手続き

同時廃止と管財事件　244／同時廃止するための基準　244／管財事件　245／申立てにかかる費用　247

自己破産申立て後の手続き

債権者からの取立対策　248／審尋期日　248／破産手続開始決定　249／免責の申立て　250／免責決定　250／免責による借金からの解放と免責の不許可　251

個人民事再生手続

手続開始の申立て　252／再生計画案の作成と決議・認可　252／小規模個人再生の場合の計画弁済総額　253／清算価値保障原則　253／再生手続の終結　255

第1章

借金の返済をめぐるトラブル

返済期以外は約束しないで友人からお金を借りた場合、返済期限を遅れてしまうと、元本以外の金銭を支払う必要があるのでしょうか。

返済を遅れた場合には遅延損害金が請求される可能性があります。

　金銭の貸し借りにおいて、実際に借りた金額（元本）以外に、利息や遅延損害金の支払いを請求される場合があります。

　利息とは、借りたお金に対して、一定利率で支払われる対価のことで、お金を借りたことに対するお礼のようなものです。利息は「借りた金額×年率÷365日×利用日数」という計算式により算出されます。たとえば100万円を年率15％で100日間借りていた場合は、4万1096円を利息として支払わなければなりません。

　利息を発生させるためには、金銭の貸付けに際し当事者間で利息の支払いについて合意しておく必要があります。利息の定めをしていない場合は、利息を支払う必要はないのが原則です。

　仮に、契約時に利息の定めをしていた場合であっても、具体的な利率を決めていなかったときは、民法の規定に従い年5％の利率（金融業者からの借入れについては年6％。ただしいずれも民法改正後は年3％に引き下げられます）になります。これを法定利率といいます。一方、当事者間で具体的に利率を定めた場合は、その利率（約定利率）が法定利率に優先して適用されることになります。ただし、この場合であっても無制約に利率を定めることはできず、元金が10万円未満の場合は年20％、10万円以上100万円未満の場合は年18％、100万円以上の場合は年15％までに制限

され（制限利率）、それを超過した分については無効とされます。

　ただし、会社間でのお金の貸し借りについては商法が適用されるため、利息の定めがなくても年6％（改正後は年3％）の利息の支払いが必要となることに注意が必要です。

　利息が当事者間の取り決めにより発生する「お礼」のようなものであるのに対し、遅延損害金は、返済期限を守らなかった場合に当然に発生する「罰金」のようなものといえます。

　そのため、本ケースのように、返済期限に支払わなかった場合には、利息の定めがなくても遅れた日数分の損害金を支払う必要があります。

　この遅延損害金は、「元金×遅延損害金年率÷365日×延滞日数」で算出されます。遅延損害金年率は、利率の定めがあればそれに従い（ただし制限利率の1.46倍を超えると、超過分は無効。金融業者からの借入金については上限が年20％とされています）、定めがなければ法定利率である年5％（金融業者からの借入れについては年6％。改正後はいずれも年3％）となります。

　本ケースの場合は、利息の定めも、遅延損害金の年率についての定めもないことから、元金の他、延滞のペナルティとして年率5％の遅延損害金を支払う必要があります。

■ 利息を定めなかった場合の返済額

期限内に返済した場合

友人 ──元本10万円── 相談者
金銭消費貸借契約
↓
支払期日までに返済
元本 のみ

返済期日を過ぎてから返済した場合

友人 ──元本10万円── 相談者
金銭消費貸借契約
↓
支払期日経過後に返済
元本 ＋ 遅延損害金

 金銭消費貸借契約で毎月所定日に返済を行っていますが、貸主が領収書の発行を請求しても渡してくれません。支払いを拒否できるでしょうか。

 領収書が交付されないことを理由に支払いを拒否することができます。

　消費者金融や銀行などの貸金業者は、支払いを受けたときには、その都度、直ちに受け取ったことを証明する書面として受取証書や領収書を交付しなければなりません。ただし、銀行振込の場合は、債務者（借主）から請求があったときに限り交付しなければならないとされています。そして交付される書面には、支払った金額や支払年月日だけでなく、支払った金額のうち利息にいくら、元本にいくら充当されたかなどの内訳も記載することが義務付けられています。したがって貸金業者が返済に際し、領収書を交付しない（銀行振込の場合は、交付請求をしたのに交付しない）、交付されても領収書に必要事項が記載されていない、あるいは虚偽の内容が記載されている場合には、1年以下の懲役もしくは300万円以下の罰金に処せられ、またはこれを併科されることになりますので、行政庁に苦情を申し立てるようにしましょう。

　一方、貸主が貸金を業としない個人の場合であっても、借主は貸主に対し領収書の発行を請求することができます。そして貸主が、借主の請求にもかかわらず、正当な理由もなく領収書を発行しない場合は、「領収書と引き換えでなければ支払わない」として返済を拒むことができます。これを「同時履行の抗弁権」といいます。借主が二重に支払いを請求されることを防止するため、

判例により認められた正当な権利です。

　したがって、本ケースでも領収書の交付がないことを理由に支払いを拒絶しても、履行遅滞にはなりませんので、遅延損害金を支払う必要はありません。

　ただし、貸付に際し、当事者間で「領収証は発行しない」旨の特約がされている場合には、貸主に領収書を発行する義務はありませんので、不発行を理由に返済を拒むことはできません。

　また、最終の返済において、借用証書（債権証書）の返還と引き換えに支払いを拒絶することもできません。これは、支払の証拠としては領収書の交付で十分であり、貸主が借用証書を紛失した場合などに借主が弁済を拒絶できるとすることは不当であるなどの理由から、借用証書の返還と弁済は同時履行の関係にはないとされているからです。

　無事に領収書が発行された場合は、支払の証拠となりますので、返済の日付や返済した金額に間違いはないか、受領文言（たとえば「○月分返済金として受領しました」）は記載されているか、および貸主の記名押印があるかを確認するようにしましょう。

　なお、銀行振込の場合は、利用明細などが領収書の代用になりますので、大切に保管しておいてください。

■ **領収書発行と借用証書返還の請求**

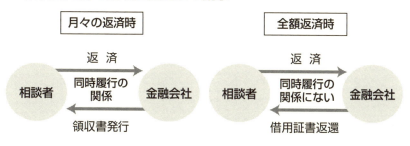

借用書あるいは契約書がないと金銭消費貸借契約は無効なのでしょうか。

書面がなくても金銭消費貸借契約は有効に成立するのが原則です。

　金銭の貸し借りを行う契約を、金銭消費貸借契約といいます。契約締結時には借用書などの書面を交わすのが一般的ですが、知人や親戚など身近な人同士で金銭の貸し借りを行う際などには、借用書を交わさないこともあります。民法上では契約を行うのに特別の様式は必要ないとされており、当事者間に金銭の受け渡しと返還の約束さえあれば、金銭消費貸借契約は有効に成立したことになりますので、それでも問題はありません。

　ところで金銭消費貸借契約は現実に金銭の授受を要求する要物契約ですが、金銭を用意するのに時間がかかる場合などに、実際に金銭の受け渡しが行われていないことを理由に、契約そのものの成立を認めないとすれば不都合が生じる場合があります。

　そこで改正民法では、現実に金銭の授受が行われる前の金銭消費貸借契約（諾成的金銭消費貸借契約）については、契約書などの書面によって契約が締結されることを条件に有効とする旨の明文規定が置かれることになります。

　したがって、改正民法が施行された後は、諾成的金銭消費貸借契約については契約書などの書面が必要となりますので注意してください。なお、書面の代わりにメールなどの電磁的記録を利用することも認められています（587条の2第4項）。

金銭消費貸借契約において、弁済期に支払わなかったり、約束した金額に満たない額を支払った場合、債務の残額はいくらになるのでしょうか。

返済金は「利息→元本（元金）」の順に充当され、不足金額が債務の残額になります。

　たとえば、元金100万円、利息と遅延損害金を年15％として、1年後に返済する約束で借り入れた事例で、返済期限である1年後には10万円しか返済できず、2年後には60万円を返済した（合計70万円返済）場合、債務の残額はいくらになるのでしょうか。
　まず、1年後の返済期ですが、本来ならば、元金の100万円と利息の15万円の合計115万円の支払をしなければなりません。ところが実際に支払われたのは、10万円ですから不足しています。ここで問題になるのが、支払われた10万円を、元本（元金）と利息のどちらの支払いとするかです。この点については、当事者間で合意があればそれに従い、合意がなければ民法の規定に従って利息→元本の順で充当することになります。本ケースでは、当事者間の合意がないので、支払われた10万円は先に利息に充当され、その結果、利息が5万円残り、元金は100万円全額が残ります。
　次に、2年後に60万円を支払った後の、あなたの支払うべき金額を確定します。まず、元本100万円全額、そして利息の残額5万円は1年前と同じです。ところが、本件では、さらに遅延損害金が発生しています。つまり遅延損害金として15万円がさらに加算されることになります。そこで、2年目の債務額は元本100万円、利息残額5万円、遅延損害金15万円、となり、①利息、②遅

延損害金、③元本という順に充当していくことになります。その結果、利息と遅延損害金で20万円が充当され、残りの40万円が元本に充当されるので、元本60万円が残ることになります。

■ **遅延損害金発生時の支払順序** ……………………

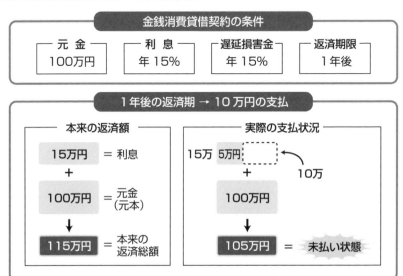

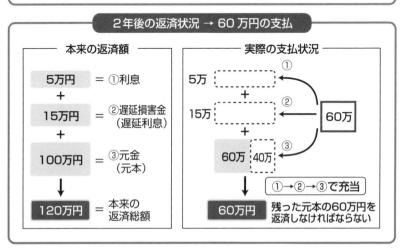

ある金融業者から借りた100万円について、他の業者に借り換えたいのですが、注意点はありますか。

金利が低くても、紹介料や手数料を要求されたり、返済期間が長くなれば、支払総額が増えることになります。

　借り換えとは、他の金融業者からまとまったお金を借りて、現在借入れをしている業者に返済し、以後他の金融業者に支払をしていくことです。たとえば、A社から金利を年15％、返済期間を1年で借り入れた100万円を、金利を年12％、返済期間を1年でB社から借り入れた金銭で完済し、以後B社に返済をしていくといった場合や、現在A社から50万円、B社から50万円を借りているときに、新たにC社から金銭を借り入れて、それでA社とB社を完済し、以後C社に返済していくといった場合などが、借り換えにあたります（後者の場合は「おまとめローン」とも呼ばれています）。

　金利の低い業者への借り換えは、返済額を減らせるというメリットがあります。前述のケースで、借入当日にA社からB社へ借り換えをした（B社から100万円を借り入れてA社に100万円を返済した）と仮定すると、1年後に支払うべき利息は15万から12万円へと3万円も減少し、毎月の利息額でいえば1万2500円から1万円と2500円も少なくすることができます。

　また、複数の業者から100万円未満の金銭を借り入れている場合、それぞれの上限金利は年18％ですが、これを1社にまとめる

と上限金利を年15％に下げることができますので、支払う利息を低く抑えることができます。

　ただ、金利が下がっても、返済期間が長くなれば、それだけ利息が加算されますので、かえって支払総額が増える危険性があります。前述のケースだと金利12％のＢ社からの借入金を返済期間を２年に伸長すれば、支払うべき利息は、単純計算しても24万円となり、Ａ社からの借入金（年15％）を１年後に返済するのと比べて９万円も増えてしまうことになります。

　また、金利が低くても、手数料や紹介料などを要求される場合は支払総額が増えてしまいます。悪質な業者である可能性も高いので、その際は決して借入れをしないようにしましょう。

　さらに、借り換えたお金を借り換え前の業者の返済にあてなかった場合は、借金がさらに増えてしまうことになるので、注意が必要です。どうしても借金を減らしたい場合は、債務整理もひとつの選択肢として検討すべきでしょう。

■ **金利の低い業者への借り換え**

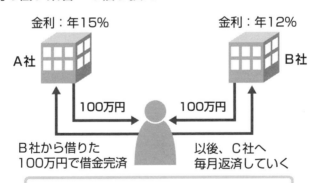

金銭消費貸借契約に基づき、貸金を返済したのですが、貸主がお金を受け取ってくれません。この場合でも遅延損害金等が発生するのでしょうか。

支払の準備をし、貸主に受領するよう催告をすれば借主は遅延損害金等を支払う責任を負いません。

借主がお金を返済したいのに、貸主が行方不明だったり、受け取りを拒否するというような場合でも、そのまま放置するわけにはいきません。たとえ貸主側の事情であっても、返済期に返済をしないまま放置してしまうと、借主は弁済期に返済をしなかったということで、履行遅滞（債務不履行）に陥ってしまい、遅延損害金が発生することになるからです。

通常、借主は貸主に対し、弁済の提供として金銭を手渡しで返済するなど「現実の提供」を行わない限り、履行遅滞の責任を負うことになります。ただし、貸主が返済金を受け取ろうとしない場合、支払の準備をして、その旨を書面などで通知して受け取りを催告すれば、現実の提供をしなくても弁済の提供があったとされるので、履行遅滞の責任を負わずにすみます。

したがって本ケースでも、あなたは、まずは貸主に対し、返済の準備ができたのでこれを受領するよう催促する文書を送付する必要があります。それでも受け取りを拒否された場合には、供託所（法務局）に返済金を預ける「弁済供託」という制度を利用するとよいでしょう。これにより、貸主に弁済したのと同じ効果を生じさせることができます。

Question 7 500万円の金銭消費貸借契約で貸主が死亡した場合に、借主の返還義務は消滅しますか。相続人等がわからない場合はどのようにすればよいでしょうか。

借主の返還義務は消滅しませんので、相続人等が判明するまでは法務局に供託しましょう。

　貸主が死亡したからといって借金の返済義務が消えてしまうことはありません。この場合、貸主の相続人が500万円の債権を相続することになります（民法896条）。したがって、借主は、貸主が死亡した後はその相続人を貸主として、それ以後の支払いを継続していくことになります。

　ただし注意が必要です。たとえば、借主が、相続人を名乗る貸主の息子と称する人から、支払いの請求を受けるかも知れません。また、貸主の相続人は他にもいるかもしれません。さらに、そもそも、借主に請求してきた息子を名乗る人が、本当に息子であるという保証もありません。

　このように相続の場面においては、当事者が多数出現してくる場合も多いので、請求者の相続資格を確認することが重要です。具体的には、遺言書や、相続人全員で作成された遺産分割協議書など正確に500万円の債権の承継人を確認できる書面の提出を求め、これがなされるまでは支払いを拒絶すべきでしょう。

　なぜなら、不用意に支払ってしまうと、後日真実の権利者が出現した場合に、二重払いの危険があるからです。もっとも、受領権限のない者（債権の準占有者）に対する弁済は、弁済者が善意

かつ無過失のときに有効となります（民法478条）。ただこの場合であっても、支払いを請求してきた人が真実の権利者ではない旨を知らないことについて落ち度（過失）が認められてしまうと、すでになされた弁済が無効になってしまう危険性があります。

このような危険を避けるためにも、500万円の債権を承継した者が誰であるかわからない場合は、弁済目的物の供託（弁済供託）という制度を利用しましょう（民法494条）。単に供託と呼ばれることが多く、弁済者が債権者のために弁済の目的物を供託所に預けて、その債務を免れる（債権者の債権を消滅させる）とする制度です。

本ケースのように、過失なく相続人が誰であるかがわからない場合は「債権者不確知」を原因として弁済金（500万円）を供託することが認められます。これにより、借主は、法律上は返済したとみなされるので、債務不履行の責任から免れることができます。

■ 供託を利用するメリット

供託せずにBに返済した場合

相談者 ⇄ B（請求／返済） 500万円

↓

後日真実の権利者から請求を受けた場合

相談者 ⇄ 真実の権利者（請求／返済） 500万円

→ 二重の支払

Bに返済せずに供託した場合

相談者 ⇄ B（請求／拒否） → 供託 → 法務局 500万円

↓

後日真実の権利者から請求を受けた場合

相談者 ⇄ 真実の権利者（請求／返済） 500万円

→ 債務不履行責任を負わずにすむ

 取立てに来た人が借用書を持参していたので、言われるがままに支払いをしました。その後、債権者でなかったことが判明しましたが、私の行った弁済は有効にはなりませんか。

 受領権限を持たない人への弁済も有効になる場合があります。

　まず契約は当事者間で締結されているわけですから、受領権限のある当事者本人に返済した場合のみ、その返済は有効になるというのが当然の前提です。つまり、原則として別の人に返済しても、返済したことにはなりません。ただし民法では、債権者以外の人への弁済を有効と認める場合があります。これは相手方が債権者のような外観を有しており、かつ返済する者がその外観ゆえに、その者を弁済受領権限のある者だと信じるのも当然だといえる場合に認められるものです。たとえば、返済を求める者が債権者の代理人を名乗ったり、借用書や債務者の印鑑証明書を持参するなどしていた場合には、別の人への弁済であっても債権者への返済と同様に扱われる可能性があります。

　なお、改正前の民法は「別の人」のことを「債権の準占有者」と規定していましたが、改正民法では、「受領権者（債権者及び法令の規定又は当事者の意思表示によって弁済を受領する権限を付与された第三者）以外の者であって取引上の社会通念に照らして受領権者と認められる外観を有するもの」と具体化されています。また、受領権限のない者に対する弁済が有効になるためには、弁済者が債権者でないことを知らず（善意）、かつ知らないことにつき過失がないことが必要となる旨が明記されました（478条）。

友人に頼まれて金銭消費貸借契約の保証人になりました。その友人が死亡した場合、保証人の責任はどうなるのでしょうか。

主たる債務者が死亡しても、保証債務は消滅しないので返済しなければなりません。

　保証債務は主たる債務を担保することが目的ですから、主たる債務がなければ成立しませんし、主たる債務が消滅すれば保証債務も消滅するという性質を持っています。これを保証債務の付従性といいます。主たる債務者が死亡することによって、主たる債務が消滅するのであれば、これに伴って、保証人の責任もまた消滅すると考えることも、理論的には不可能ではありません。しかし、主たる債務者が死亡しても、保証人が負う保証債務が消滅することはありません。なぜなら、主たる債務者の死亡により、その債務は、相続人に承継され、その後、保証人は相続人が承継した貸金の返還債務を保証することになるからです。つまり、前述の保証債務の付従性という原則に則って考えても、主たる債務が消滅しない限り、保証人の保証債務は消滅しないという結論に至ることができます。ましてや、債権者は主たる債務者に何か起きても借金を返してもらえるように保証契約を締結したことから考えれば、不合理な結論とはいえないでしょう。
　ただ、保証人の保証債務の内容は、主たる債務者の死亡によって有利にもならないかわりに不利にもなりません。仮に債権者から支払いを請求された場合であっても、あなたは「まず相続人に請求せよ」と主張することができます（催告の抗弁権）。

また、相続人が債務を返済するのに十分な土地などの財産をもっている場合は、「まず相続人の土地について執行せよ」と主張することもできます（検索の抗弁権）。ただし、連帯保証人には、この催告の抗弁権と検索の抗弁権は認められていません。
　その一方で、相続人が相続を放棄した場合、相続人は債務の返還義務から免れることができますが、保証人の保証債務はこれにより消滅することはありません。このような相続放棄のリスクも想定して債権者は保証人と保証契約を締結しているからです。
　したがって、本ケースでも債務者である知人が死亡しても、保証人であるあなたの保証債務は消滅することはありませんので、従来通り、相続人に承継された債務を保証する責任を負っていることになります。また、相続人全員が相続放棄をした場合は、債権者から請求があれば、債務者に代わり債務を返済する義務があります。このとき、債務者は誰もいませんので、前述の催告の抗弁権や検索の抗弁権は主張できません。

■ 借主の相続人が1人しかいないケース

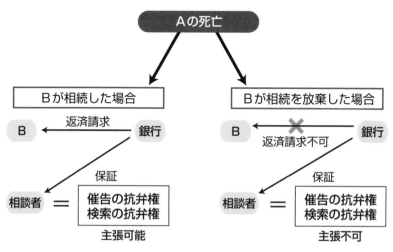

 被相続人の相続財産を調査したところ、負債が多いことが判明しました。相続放棄をするにはどのようにすればよいでしょうか。

 相続の開始を知ったときから3か月以内に家庭裁判所に申述する必要があります。

　相続放棄は、自己のために相続の開始があったことを知ったときから3か月以内に家庭裁判所で手続きを行う必要があります。この3か月以内という期間は熟慮期間と呼ばれ、熟慮期間が経過すれば原則として相続放棄ができなくなります。ただし、債権者からの督促により初めて被相続人が借金を負っていたことを知ったなど相当な理由が認められる場合には、熟慮期間経過後の相続放棄も認められる可能性がありますので、専門家に相談してみるとよいでしょう。なお、財産調査などに時間がかかる場合は、家庭裁判所に「期間伸長の申立」を行えば、熟慮期間を延長してもらうことができます。

　この他、相続放棄をする上での注意点としては、相続財産にうかつに手をつけないことです。たとえば被相続人名義の預金口座を解約したり、不動産を売却するといった行為は相続財産の処分行為として、相続を承認したこと（法定単純承認）になります。単純承認したものとみなされれば、その後、相続放棄をすることができなくなりますので注意が必要です。単純承認とみなされる処分行為には、賃貸物件の解約や明渡し、相続財産からの債務の弁済といった法律行為だけでなく家屋の取壊しなどの毀損や破棄といった事実行為も含まれます。

Question 11
親に借金があるので相続放棄をしたいのですが、先に自宅を売却してもよいのでしょうか。また、自宅に住み続けることも可能でしょうか。

不動産を売却すると相続放棄をすることができなくなります。自宅に住み続けたいのであれば限定承認を選択するのが得策です。

　相続放棄とは相続人としての地位から離脱することであり、被相続人に属する権利義務の一切の承継を拒絶する意思表示をいいます。つまり、相続放棄とは、最初から相続人でなかったという効果を生じさせる制度です。そのため、被相続人の財産の一部でも処分（売却や解約など）した場合は、相続を承認したものとみなされます。これを法定単純承認といい、単純承認とみなされる財産の処分行為があれば、以後、相続放棄ができなくなります。また、被相続人の財産の隠匿・消費などをすると、すでになされた相続放棄の効果も否定されますので注意が必要です。

　本ケースでも、自宅を売却する行為は、単純承認とみなされる相続財産の処分行為にあたるため、その後、相続放棄をすることは許されません。相続放棄を検討されているのであれば、自宅の売却は差し控えるべきです。

　では、相続放棄をした場合、被相続人名義の自宅に住み続けることはできるのでしょうか。

　相続放棄をすれば最初から相続人ではなくなるので、被相続人名義の自宅に住み続けることはできないと考えた方がよいでしょう。相続人全員が相続放棄をすれば、いずれ被相続人名義の自宅

は競売にかけられたり、任意売却の手続きが進められることになります。新たに買受人が出現すれば、その方が所有者となりますので、自宅を明け渡さなければなりません。

　もちろん、相続放棄をしても買受人となることはできますが、確実に買い戻せる保証はありませんので、どうしても自宅に住み続けたいのであれば、限定承認を検討してみてはどうでしょうか。

　限定承認では、相続財産の範囲で、被相続人の債務を弁済すれば足り、また家庭裁判所が選任した鑑定人による評価額を支払うことで、被相続人名義の不動産を取得することもできますので、自宅に住み続けることも可能となります。ただし、不動産の取得費用は相続人固有の財産から捻出する必要があります。また相続放棄と同様、相続の開始を知ったときから3か月以内に、かつ相続人全員で家庭裁判所に申述しなければなりません。

　ところで、被相続人に多額の負債があっても、負債の状態や種類によっては、相続放棄や限定承認という方法によらずに自宅を相続することも可能な場合があります。たとえば、住宅ローンが負債の大半を占める場合は、被相続人が団体信用生命保険（団信）に加入していれば、被相続人の死亡により住宅ローンは消滅します。

　また、被相続人が消費者金融から長期的に借り入れや返済を繰り返していた場合は、過払い金が発生しているかもしれません。過払い金発生の判断基準として、①平成19年以前からの借入れで、②利息制限法に定める利率を上回る金利で借り入れており、③取引期間が5年以上のものであれば過払い金が発生している可能性があります。仮に過払い金が発生していなくても、債務額を大幅に減らすことができるかもしれません。さらに、長期間支払いを滞っていた場合は、時効により債務が消滅している可能性も否定できません。

　一度、弁護士や司法書士等の専門家に相談してみるとよいでしょう。

弟が事業運営のために借り入れた資金を返済せず音信不通になりました。弟の借金を代わりに支払えと要求された場合、支払う必要はあるのでしょうか。

保証人になっていない限り、支払義務はありません。貸金業者が保証人でない家族や親族に返済を請求することは法律で禁止されています。

　このケースでは、あなた自身が弟の借金について、保証契約を結んだわけではありません。そのため、債権者に対して債務を負ってはおらず、返済すべき義務はありません。

　消費者金融などの貸金業者は、貸金業法によって社会的に不相当な取立行為を行うことを禁じられており、違反に対しては罰則が設けられています。禁止されている取立行為としては、①正当な理由もないのに夜9時から朝8時の間に電話やFAXをしたり、訪問する行為、②正当な理由もないのに、債務者の勤務先に訪問したり、電話をする行為、③張り紙や立看板などで借入れの事実を第三者に知らせる行為、④債務者の家族や親族、友人など第三者に返済を要求する行為、⑤債務者が弁護士や司法書士に債務整理を依頼した旨の通知（受任通知）を受領した後に債務者に返済を要求する行為などがあります。本ケースのように返済義務のない兄に返済を要求する行為は④によって禁止されていますので、あなたとしては、この点を指摘した上で、支払いを拒絶する意思を明確にした内容証明郵便を業者に送るべきでしょう。

　仮に弟に代わって、第三者である「あなた」が返済した場合は、債務者である弟の意思に反しない限り、その弁済は有効となりま

す。なお、改正民法には、債務者の意思に反する弁済であっても、債権者がそのことを知らなかった場合は、例外的に有効となるという規定が設けられています。

　本ケースでもあなたが弟に代わって行った弁済が有効となると、弟の貸金債務は消滅します。そして、あなたは弟に対して、立て替えた金額を支払えと請求することができます（求償権）。現行法上、本ケースのように、あなたが弟の借金について保証人でないような場合、求償権の行使については、弁済と同時に債権者の承諾を得ることが必要になります（改正民法の施行後は債権者の承諾が不要になります）。そのため、あなたが代わりに弁済する場合は、弁済と同時に債権者の承諾を得るようにしましょう。これにより、弟に対して求償権を行使することができます。

■ **貸金業者による違法な取立ての禁止請求書（内容証明郵便）**…

請求書

私は、○○の兄であり、△△（以下「兄」という）と申します。

私はこれまで、保証契約も締結しており、金銭消費貸借契約の連帯保証人となったこともありません。

ところが、貴社との間で、金銭消費貸借の担当者は複数の債権回収の担当者連れで、貴社の債権回収の担当者は「兄として当然の義務のはずだ」と主張し、保証人でもない私にはその代わりに債務を支払うような義務はございません。しかし、貴社の貸金業法に違反する行為であり、到底許されるものではありません。

本書面到達後、直ちに右行為をやめ、それのような行為が続く場合には、金融庁に対し、貴社が何らかの措置をとられずその行政指導や行政処分であります。

よって、もし貴社がこのような行為を続く場合には、貴社に対し、強く要求致します。

平成○年○月○日

東京都○○区○○1丁目1番1号
○○○○

東京都○○区○○1丁目2番3号
株式会社○○
代表取締役　○○○○　殿

Question 13 弟に実印や印鑑証明書を預けてくれと頼まれたのですが、どのようなリスクが考えられるでしょうか。

Answer 無断で代理人として契約等を結びその法律効果が発生してしまう危険があります。

　実印とは、市役所などにその印影（印鑑を押印したあと）を登録してある印鑑のことです。印鑑証明書とは、「この印影が登録されている」旨を市役所などが証明する書類のことです。

　実印の押印されている書類と印鑑証明書がそろっていれば、その書類は実印の所有者自身が作成したものと推定されます。安易に実印と印鑑証明書を第三者に預けると、所有者のあずかり知らぬところで文書が作成され、後になってその内容についての責任を追及される可能性もありますので注意してください。所有者自身が否定しても、その推定をひっくり返すことは非常に困難ですので、たとえ身内であっても実印や印鑑証明書を預けるようなことはせず、自分で書類の内容を確認した上で自ら押印し、その場で印鑑証明書を渡すようにすべきでしょう。

　実印等を貸してしまうと、弟が実印と偽造した委任状等を持参して、代理人と称して、弟が不動産の売買等の各種契約などの法律行為を行ってしまうリスクが考えられます。このような弟の行為は無権代理行為として無効となるのが原則です。ただし、民法は、実印等を持参し授権表示が行われたような外観があるような場合には、無権代理行為であっても、本人に法律効果が帰属する場合を認めています（授権表示による表見代理、民法109条）。

Question 14
金銭消費貸借契約について、代理人に金額欄を空欄にした委任状を作成して渡した場合、どのようなリスクが考えられるでしょうか。

金額欄を空欄にすることは危険なので避けるべきでしょう。

　委任状は他人に依頼して、自分の代わりに物事を行ってもらう場合に利用されます。通常は、必要事項を全部記入した上で署名押印しますが、場合によっては、記入事項の一部を空欄にして委任状を作成することもあります。これを白紙委任状といいます。白紙委任状は、空欄の内容によってはトラブルに発展することがあります。たとえば、100万円の借入れについて白紙委任状を交付した場合を考えてみましょう。委任状を受け取った代理人が金額欄に500万円と不当に補充して、誰かからお金を借りると、委任したのは100万円の借入れだから無権代理行為として無効であると反論しても、委任者の署名押印がある以上、反論が認められる可能性は低いといえます。民法は、代理人に何らかの代理権（100万円の借入れ）があり、代理人がその範囲を超えた行為（500万円の借入れ）をした場合でも、相手方が権限内の行為であると信じる正当な理由があれば、有効な代理行為として本人に法律効果が帰属すると規定しているため、上述の場合は500万円の返済義務を負わされるリスクがあります。このように、白紙委任状の交付にはリスクが伴うことを十分に理解する必要があります。特に、金額欄を空欄にすることは最も危険ですから、避けるべきでしょう。

自分が経営する会社が破産手続を行うことになった場合、会社の債務を保証している自分はどのような対応をとる必要がありますか。

個人保証をしている経営者も債務整理すべきです。

　中小企業や小規模事業者の場合、銀行や信用金庫といった金融機関から融資を受けるときには、必ずといっていいほど経営者個人に会社の債務を保証することが求められます。これを個人保証といいます。この保証は、実際に借入れをした会社と同様の債務を負う「連帯保証」であったり、取引関係一切から生じる債務を保証する「根保証」であったりと通常の保証に比べて厳しいものとなります。もし債務者である会社が破綻した場合には、保証人は、個人の資力では到底、支払不能な高額の保証債務を負担させられることになります。そのため、保証人が自己破産や自殺に追い込まれるケースも後を絶たず、従来から保証被害は深刻な社会問題となっていました。

　そこで改正民法では、個人保証を原則禁止としながら、保証人の自発的な意思が認められる場合には例外的に認めるなどの措置を講じています。具体的には、事業のための借入れを保証（連帯保証も含みます）ないしは根保証する場合は、（根）保証契約を締結する日の前1か月以内に、保証人となる個人の意思を公正証書で確認する必要があります。公正証書が作成されずに（根）保証契約が締結された場合は、その（根）保証契約自体を無効とすることで保証人の保護が図られています。ただし、改正民法が個

人保証の保護として念頭に置いているのは、会社と無関係の第三者が保証人になる場合です。そのため債務者である会社の経営側に位置するような個人、たとえば取締役・理事・執行役・共同事業者等が保証人となる場合には、改正民法の規定は適用されず、従来通り公正証書の作成は不要とされます。

したがって、自分が経営する会社の保証人になった本ケースでは、公正証書を作成していないことに基づき、保証契約の無効を訴えることはできませんので、会社が破産すれば、保証人であるあなたに会社の債務を支払う義務があります。ただ、会社と経営者個人の財産は混在していることが多く、会社が破産すれば経営者個人の生活も破たんしている可能性が高いことから、会社と一緒に経営者個人の自己破産を申し立てる必要性があります。必ずしも同時に申し立てなければならないという決まりはありませんが、会社と経営者個人が一緒に破産手続きを申し立てれば、基本的に手続きは同時に進められ、裁判所へ支払う費用（予納金）も１回分ですむため、経済的・精神的負担を減らすことができます。

■ **会社の債務について連帯保証人となっている場合**

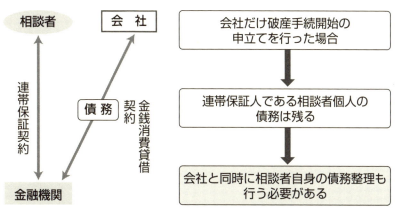

第1章 ● 借金の返済をめぐるトラブル　37

Question 16

10年以上前に消費者金融から10万円を借りて以来、一度も返済をしていなかったのですが、最近、債権者から督促状が届きました。支払いをしなければならないでしょうか。

時効が完成していても、時効援用をしない限り、支払義務は存続します。

現行法上は、消費者金融からの貸付は、商事債権として商法が適用されるため、最終の弁済日から5年が経過すれば、消滅時効にかかります（商事消滅時効）。

ただし、債務は時効期間の経過により当然には消滅せず、時効制度を利用する旨の債務者の意思表示が必要となります。これが時効の援用と呼ばれるもので、通常、内容証明郵便を利用して行うことになります。したがって、本ケースでも、債務を消滅させるには、時効援用をする必要があります。

このように、債務は時効の完成では消滅せず、時効援用により初めて消滅することになります。ただし、時効援用をしたとしても、時効の完成までに債権者から訴訟を提起され、勝訴判決がとられていた場合には、それまで進行していた時効はいったんリセットされ、再度時効期間が満了しない限り、債務を消滅させることはできません（判決を取られてしまうと時効期間は10年に伸長されます）。これを時効の中断といいます。

時効を中断させる主なものとしては、①訴訟の提起や支払督促の申立、和解や調停の申立（裁判上の請求）、②内容証明郵便などの裁判外での支払請求（催告といい、6か月以内に裁判上の請求をしない限り時効中断の効力は失われます）、③差押、仮差押

または仮処分、④借金を認めたり、返済をした場合（債務の承認）があります。

　このうち実務上で多いのが、①裁判上の請求と④債務の承認です。住民票を移さずに住居を転々と代えていた場合には、本人が知らない間に判決を取られている、ということも意外に多く、また債権者との電話でのやり取りで借金をしていた事実を認めたり、今度支払うなど返済の意思を示したり、あるいは債権者による不意の訪問で1000円を支払ってしまったということも少なくはありません。たとえ時効完成後であっても、債務を承認してしまうと時効期間はリセットされてしまいます。また、時効完成後に支払督促や訴状が届いても、そのまま放置していると、債権者の言い分通りの判決が取られてしまい、時効期間はリセットされて振り出しに戻ります。そのため最後に支払った日から5年が経過した債務がある場合は、そのまま放置してはいけません。

　本ケースでも、時効を援用しない限り債務は消滅しませんので、時効期間がリセットされるのを防止するため、放置することなく速やかに弁護士や司法書士に相談するようにしてください。

　なお、改正民法では、短期消滅時効（飲み屋のツケは1年など）の規定や前述の商事消滅時効の規定は削除され、「権利を行使できることを知った時から5年」または「権利を行使できる時から10年」と消滅時効のルールが一本化されます。また「時効の中断」は「時効の更新」「時効の停止」は「時効の完成猶予」に用語が改められ、従来、時効中断事由となっていた催告は時効の完成猶予事由に変更されています。これにより、個人間のお金の貸し借りについても5年で消滅時効にかかる可能性があります（現行法上は10年）。もっとも、消費者金融からの貸金債務の消滅時効については、改正後も原則5年という点では変わりませんので特に気にする必要はないでしょう。

絵画の代金返済を貸金の返済に変更できるのでしょうか。また、代金債務の保証人は変更後の貸金返済債務も保証しなければなりませんか。

貸金返済債務に変更でき、貸金返済債務についても保証人は保証責任を負います。

　たとえば、売主Ａと買主Ｂが絵画の売買契約を締結し、代金の支払いについて保証人Ｃを立てていたというケースで、その後Ｂから絵画代金の返済を貸金の返済に変更し、支払期日を延期してほしいとの申入れがあったとします。Ａがこの申入れを受け入れれば、契約を変更することは可能です。このように、何らかの理由で負担していた金銭の支払義務を、後からお金を借りたことに変更する契約を、準消費貸借といいます。民法は、金銭その他の物の給付義務を負う者がある場合に、当事者がその物を消費貸借の目的とするのを約束したときに、消費貸借が成立したとみなすと規定しています（588条）。貸金債務と売買代金債務を１つの消費貸借としてまとめる場合なども準消費貸借が用いられます。従来から準消費貸借は諾成契約（当事者の合意だけで成立する）としており、これは今回の改正でも変わりません。また、書面による消費貸借とは異なり、準消費貸借は書面を必要としません。

　では、準消費貸借契約を締結するとき、Ｃは準消費貸借契約においても保証人となるのでしょうか。この例の場合、「金銭債務の弁済」という契約の主要部分には変更がありませんから、旧債務と新債務には同一性があると認められます。したがって、Ｃは準消費貸借契約についても保証の義務を負うことになります。

Question 18 売掛債権が譲渡され、債務者が同額の貸付債権と相殺したいと考えているのですが、債権の譲受人に相殺を主張することは可能でしょうか。

 貸付債権の弁済期が到来していれば相殺を主張することができます。

　たとえば、A社は、取引先のB社に500万円の売掛金債務を負っていて、他方でA社はB社に同額の貸付債権を持っていたというケースを考えてみましょう。この場合、A社はB社に対して、貸付債権と売掛金債務を同額で相殺を主張して、両債権を消滅させることができます。

　ところが、突然、B社はA社に対する売掛金債権をC社に譲渡した場合に、A社はB社に対する貸付債権に基づき相殺を主張することができるでしょうか。

　現行法上、B社がA社に対し債権譲渡の通知をする前に、A社がB社に対して債権を取得していれば、A社は譲受人であるC社に対しても、貸付債権と売掛金債務を同額で消滅させる相殺を主張できるとしています。これは、債務者の知らないところで行われる債権譲渡によって、債務者の地位が債権譲渡前よりも不利になってしまうことを防止するために設けられた規定です。

　改正民法では、さらに踏み込み、債権譲渡通知後（対抗要件具備時より後）に債務者が取得した譲渡人に対する債権であっても、①債権譲渡通知より「前の原因」に基づいて生じた債権、または②「譲受人の取得した債権の発生原因である契約」に基づいて生じた債権である場合には、債務者は相殺をもって譲受人に対抗で

きる旨の明文規定が置かれることになります。これにより現行法よりもさらに広範囲で相殺が認められることになります。

　ただし、①または②に当てはまる債権であっても、債権譲渡通知後に他人から取得したものである場合は、相殺を主張することはできません。

　したがって、本ケースでも、仮にA社がB社に対する貸付債権を、B社からの譲渡通知後に取得した場合であっても、それが譲渡通知前の原因に基づいて生じた債権、または譲受人の取得した債権の発生原因である契約に基づいて生じた債権である場合は、A社は、譲受人であるC社に対し、貸付債権と売掛金債務を同額で相殺することを主張することができます。

　なお、相殺は当事者の一方的な意思表示により行う単独行為であるため、相手方の同意がなくても、相殺の効果は生じますが、後日の紛争を避けるため、通常は内容証明郵便によって相殺の意思表示は行われます。

■ 債権譲渡した相手に相殺を主張する場合

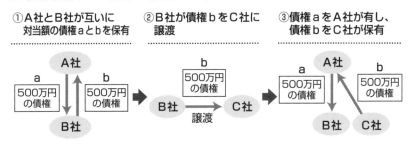

Question 19
自分が支払義務を負う債権が複数の人に対して譲渡された場合、債権譲渡の通知を受けた後に誰に支払えばよいのでしょうか。

原則として、先に確定日付入りの債権譲渡通知者書を送ってきた相手に支払えば足ります。

　債権が譲渡された場合、譲受人が債務者に対し自分が債権者であることを主張するためには、①譲渡人から債務者へ債権譲渡があった旨を通知するか、②債務者が債権譲渡を承諾する必要があります。これを「対抗要件」といい、債務者が二重払いをしてしまう危険を防止する趣旨から必要とされています。一方、第三者に対して自分が債権者であることを主張するためには、①譲渡人から債務者に対する確定日付のある譲渡通知書、あるいは②債務者からの確定日付のある債権譲渡を承諾する証書が必要になります。

　そして本ケースのように債権が二重に譲渡された場合は、次のような基準で誰が債権者であるかが決まることになります。

　まず、①一方の通知にだけ確定日付がある場合は、確定日付のある方が債権者となります。これに対し、②両方に確定日付がある場合は、譲渡通知が債務者に到達した日が早い方を債権者として扱います。したがって、先に確定日付のある譲渡通知書を送ってきた相手に支払をすればよいことになります。

　なお、いずれの通知にも確定日付があり、同日に到達したという場合や、到達の先後がわからない場合は、債務者には債権者が誰かを判断することができませんから、債権者不確知を理由として供託することで履行遅滞の責任を免れることができます。

20 手形貸付による融資を受けたいのですが、注意点はありますか。

手形の振出人には重い責任があるので注意する必要があります。

　手形貸付とは、借用証書の代わりに、借主を振出人、銀行を受取人とする約束手形を振り出して、銀行から融資を受ける方法です。手形を発行していない企業では、貸付専用の手形を利用して行います。

　手形貸付は他の融資方法よりも手続きが簡単であり、審査も通りやすいことから、資金調達方法として広く利用されています。

　ただし、支払期日に手形を決済できない場合は不渡りとなるので注意が必要です。

　一定期間内（原則として6か月以内）に不渡りを2回繰り返すと取引停止処分（当座勘定取引や貸出取引の停止）という重いペナルティを受けます。取引停止処分は他の銀行にも通知されることになるため企業の信用力は著しく下がることになります。また現代の取引社会においては、銀行抜きで取引することは不可能なため、取引停止処分を受ければ会社は事実上の倒産に追い込まれかねません。

　したがって、あなたが手形貸付で融資を受ける場合は、支払期日に必ず手形金を支払うようにしてください。手形金を支払えなければ、事業の継続が難しくなる危険性があるということを十分考慮して手形貸付で融資を受けるべきかどうか判断すべきでしょう。

Question 21 貸金業者からお金を借りる場合に、借入額に上限はあるのでしょうか。

Answer 原則として年収の3分の1を超える金額の借入れはできません。

　貸金業者は、顧客の返済能力の調査をした結果、その貸付け契約が個人過剰貸付契約にあたると判明した場合や、その貸付けが顧客の返済能力を超えた貸付けにあたると判明した場合には、貸付けの契約を結ぶことができません。個人過剰貸付契約とは、個人の顧客に対して貸金業者が貸付けを行う契約（住宅資金貸付契約等と極度方式貸付けにかかる契約を除きます）において、その顧客に関する個人顧客合算額（個人顧客に対する他の貸金業者の貸付け金額を合わせたもの）がその個人の顧客の年収の3分の1を超えることになる契約のことです。このように、年収などの3分の1を超える貸付けの契約をしてはならないことを、総量規制といいます。簡単に言うと、個人が貸金業者からお金を借りる場合に、その借入額の上限を年収の3分の1に制限するものです。借りられないというとマイナスに感じますが、これにより借主が多重債務に陥ることを防ぐ借主保護のための制度なのです。

　ただし、この総量規制にも例外があり、おまとめローンなどを利用してより低金利のローンに借り換えるなど顧客が一方的に有利となる借り換えや、緊急の医療費の貸付け、個人事業者に対する貸し付け、住宅ローン契約などが総量規制の対象から除外されています。

銀行のカードローンも年収の3分の1までしか借りられないのでしょうか。

総量規制の対象外のため、現行法上は年収の3分の1を超える借入れも可能です。

　総量規制は消費者金融とクレジット会社（ショッピング取引を除く）などの貸金業者を適用対象とするため、貸金業者に含まれない銀行のカードローンは総量規制の適用を受けません。
　そのため、年収の3分の1を超える金額を借り入れることも可能です。多くの銀行は年収3分の1超の高額貸付を行っていますが、他からの借入れを考慮せず、収入状況の確認も不十分であるなど問題点も多く、利用者の返済能力を上回る過剰貸付は、新たな多重債務の温床となりかねないとの批判も強まっています。事実、2016年には総量規制が導入されて以来、減少が続いていた自己破産の申立件数が13年ぶりに前年比で増加した背景には、銀行カードローンによる過剰貸付があったとされています。
　こうした状況を憂慮し、金融庁が銀行カードローンの立ち入り検査を開始したのをはじめ、一部の銀行では総量規制を自主的に導入し、また多くの銀行では個人向けカードローンの審査を厳格化するなど、総量規制を容認する動きが見られています。近い将来、銀行カードローンも総量規制の適用対象になる可能性があるといえ、仮に総量規制の適用を受けなくても、各銀行で自主的な規制が設けられつつあることから、これまでのように年収3分の1を超える借入れはしづらくなると考えた方がよいでしょう。

貸金業者に収入の状況がわかる書面の提出を求められたが何に使うのでしょうか。

あなたの返済能力を調査するために利用されます。

　貸金業法の規定によると、貸金業者は、顧客と貸付けの契約を結ぶ場合、その顧客の返済能力を調査しなければなりません。これは返済能力以上の貸付けを行うことを防止するために定められました。返済能力の調査をする場合、具体的には指定信用情報機関が保有する信用情報を使用することになっています。指定信用情報機関とは、貸金業者が顧客や債務者に対して過剰に貸付するのを抑制することを目的として設置された機関で、貸金業者は、指定信用情報機関が保有する信用情報を利用することで、顧客や債務者の借入状況を把握できるようになっています。

　また、次の①または②の場合、貸金業者は返済能力の調査のために、個人の顧客から源泉徴収票など、その顧客の資力を明らかにする情報の提供を受けなければなりません。

① 貸付けの金額（極度方式基本契約のときは極度額）が、貸金業者によってすでに貸し付けられている貸付け残高（極度方式基本契約のときは極度額）と合わせて（この額を貸金業者合算額といいます）50万円を超える貸付けに係る契約

② 貸付けの金額（極度方式基本契約のときは極度額）が、貸金業者によってすでに貸し付けられている貸付け残高（極度方式基本契約のときは極度額）と、指定信用情報機関から提供を受

けた信用情報により判明した個人顧客に対する他の貸金業者の貸付け金額とを合わせたもの（個人顧客合算額）が100万円を超える貸付けに係る契約

　極度方式基本契約とは、あらかじめ定めた条件にしたがって金銭を返済することを条件に、借りることのできる金額を決めておき（この金額を極度額といいます）、その金額内で貸し付けることをいいます。リボルビング契約は極度方式基本契約の典型例といえます。たとえば現時点でＡ社・Ｂ社から80万円の借入れがあり、そこにさらにＣ社から35万円を借り入れようとすると、残高合計が105万円となります。つまり、上記の②のケースに該当するので、Ｃ社から収入を明らかにする書面の提出が求められます（下図を参照）。したがって、この書面は、Ｃ社が債務者の返済能力を調査する際に利用することになります。なお、すでに直近の期間のものについての源泉徴収票などを提供している場合は、さらに資料の提供は不要です。

■ 収入を明らかにする書類の提出を求められるケース

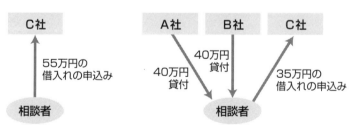

Question 24 貸金業者に「指定信用情報機関に情報を提供する」ための同意を求められたのですが、必要なのでしょうか。

過剰な貸付により多重債務に陥ることを防ぐために必要な措置です。

　個人の借入総額が原則として年収の3分の1までに制限する「総量規制」の実施に伴い、貸金業者が借り手の総借入残高を把握できるしくみのことを「指定信用情報機関制度」といいます。指定信用情報機関は、（株）日本信用情報機構（JICC）と（株）シー・アイ・シー（CIC）の2社があり、個人向けの貸付を行う貸金業者は必ず指定信用情報機関へ加入し、指定信用情報機関が保有する情報を使用することが義務付けられています。これは過剰な貸付けを防止する趣旨によるものです。

　また、指定信用情報機関に加入している貸金業者は、個人の顧客との間で貸付けの契約を結んだときは、遅滞なく、その契約についての個人信用情報を加入している指定信用情報機関（加入指定信用情報機関）に提供しなければならないとされています。

　ところで、信用情報とは、借入金の返済能力や遅延の有無を含む返済状況を把握するために必要となる情報のことで、このうち特に総量規制を実施するために必要となる情報を「個人信用情報」といいます。具体的には、氏名や住所など顧客を識別することができる事項、契約年月日、貸付けの金額などのことで、顧客の同意を前提として、加入指定信用機関情報に提供されることになります。

そのため、貸金業者が貸付を行う際には、顧客に対し、本ケースのように加入指定信用情報機関に個人信用情報を提供することの同意を求めてきます。これは過剰な貸し付けにより顧客が多重債務に陥ることを未然に防ぐために必要な措置といえますから、情報の提供に協力すべきでしょう。
　なお、顧客の同意が必要となる事項としては下記のものがあります。
①　顧客についての個人信用情報を加入指定信用情報機関に提供する旨の同意
②　①の個人信用情報を加入指定信用情報機関が、その加入指定信用情報機関に加入する他の貸金業者に提供する旨の同意
③　①の個人信用情報を加入指定信用情報機関が、他の加入指定信用情報機関により、他の加入指定信用情報機関に加入する貸金業者に提供する旨の同意

■ 信用情報機関の情報利用と過剰貸付の抑制

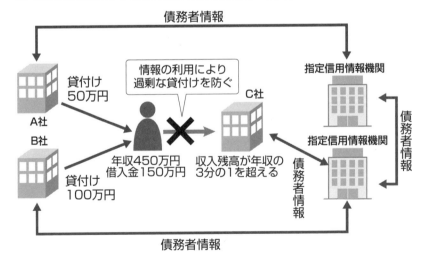

金銭消費貸借において返済額や利息等に不満がある場合、法律相談に行くときには、どんな準備をすればよいのでしょうか。

情報を整理した紙や契約書などを持っていくとよいでしょう。

　貸金トラブルを抱えた場合、たとえば法テラスの無料相談等を受けることが可能です。法テラスとは、法的トラブルにあった方に相談窓口や法制度の情報の提供、弁護士や司法書士の紹介、経済的にゆとりのない人には弁護士費用や司法書士費用の立替などを行う国の援助機関です。

　ただ、限られた時間の中での相談となるため、適切なアドバイスを受けるためには、まず、相談に行く前に、最低限、「債権者名」「債権者ごとの現在の債務額・取引開始時期」を整理して紙に書いておくとよいでしょう。この他、クレジットカードや請求書、契約書なども手元にあれば、債権者ごとに整理して持参すると相談がスムーズに進みます。

　できれば借り入れた当初の利率などがわかるものがあれば、それも持参するようにしましょう。

　また、月々の返済額が家計を大きく圧迫している場合には、債務整理を検討する必要がありますので、簡単な家計表（収入と主な支出をまとめたもの）も準備しておくことをおすすめします。

　法テラス以外でも、無料相談会を行っている弁護士や司法書士は多く存在しますので、最寄りの専門家に問い合わせてみるとよいでしょう。

借金を返済したのに、強制執行手続きが進行してしまうことがあるのでしょうか。またその場合、どのように対処すればよいでしょうか。

請求異議の訴えにより異議を申し立てる必要があります。

　期限までに借金を返済すれば、債務は消滅するので、もはや強制執行を受ける理由はありません。しかし、本ケースのように、何とか返済する金銭の工面ができたので、あわてて債権者の銀行口座にお金を振り込んだが、債権差押命令が送達されてきたということもあり得ます。このように弁済をして債務が消滅したにもかかわらず、強制執行が始まったときの、不服申立てのための手段が請求異議の訴えです。

　なぜこのような事態が生じるのかというと、債権債務が存在することを法律的に判断する機関と強制執行を行う機関が別だからです。債権債務の存在を、法律的に判断する機関は裁判所であるのに対し、そこで下された判断に基づいて強制執行を行うのは、別の組織体としての裁判所（執行裁判所）または執行官です。これらの執行機関は、執行力ある債務名義（確定した判決書）および送達証明書を信用して、そのまま自動的に手続きを進めていくため、少しの時間のズレで、弁済がなされているのに執行が始まってしまうこともあるのです。

　請求異議の訴えでは、債務者が原告、債権者が被告となります。なお、訴えを提起しただけでは、強制執行は停止せず、裁判所に執行停止決定をしてもらわなければならないので注意が必要です。

第2章

クレジット契約を
めぐるトラブル

商品を分割払いで購入する場合どんな方法があるのでしょうか。

割賦販売法が規定している5つの分割払い方法があります。

　消費者が商品やサービス等の代金を何回かに分割して支払う販売方式のことを割賦販売といいます。割賦販売は支払方法や割賦金利といった点で複雑な契約であるため、当事者が不利益を被らないように、割賦販売法でルールが定められています。分割払いと聞くとクレジットカードを連想しがちですが、割賦販売法で規制されている販売態様はクレジットカードを用いるものに限りません。割賦販売法が適用される取引は、①割賦販売、②ローン提携販売、③包括信用購入あっせん、④個別信用購入あっせん、⑤前払式特定取引、の5つです。これらは信用取引（消費者自身の信用を担保として行う取引）にあたり、代金後払いが多いですが、⑤前払式特定取引は前払いです。また、①割賦販売にも前払いの前払式割賦販売という態様の取引があります。

①　割賦販売
　商品やサービス等の代金を、分割で支払うことを約束して売買を行う販売形態のことです。売主と買主の間で、直接割賦販売が行われるため、自社割賦と呼ばれることもあります。

②　ローン提携販売
　提携金融機関を介しての販売形態のことです。買主が提携金融機関からお金を借りて、それを売主に支払うという形式です。こ

のとき、売主が買主のローン返済を保証するのが特徴です。

③ 包括信用購入あっせん

商品の購入やサービスの提供等を受ける際に、売主と買主との間に信販会社が介在して、代金支払の取扱いを代行する場合を信用購入あっせんといいます。このうちクレジットカードなどを使用して、限度額の中で信販会社が包括的に与信（信用を与えて代金の支払時期を商品等の引渡時期よりも遅らせること）をするタイプを包括信用購入あっせんと呼びます。

④ 個別信用購入あっせん

クレジットカード等を使用せずに、商品やサービス等を購入するたびに（個別に）契約し、信販会社が買主に与信を行うものです。クレジット契約・ショッピングローンなどと呼ばれています。

⑤ 前払式特定取引

経済産業大臣の許可を受けた特定の事業者に対し、会費などの名目で代金を支払うことにより、特定の商品やサービスの提供を受けることができる取引のことです。たとえば、百貨店・スーパーの友の会や冠婚葬祭互助会に入会して、一定の会費を払った後に商品券の提供を受ける場合などがこの取引にあたります。

■ 割賦販売のしくみ

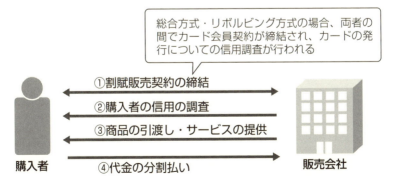

 クレジットカードを利用して一括払い以外の方法で支払う場合にはどんな方法があるのでしょうか。

 支払回数を指定する方法と月々の支払額を一定にする方法があります。

　割賦販売法は、代金の支払方法について「個品」「包括（総合）」「リボルビング」という３つの方式を想定しています。
　個品方式とは、個々の商品やサービスなどについて、それぞれ割賦払契約や金銭消費貸借契約を締結するものです。
　包括方式（総合方式）とは、あらかじめ限度額を決めておき、その範囲内であれば何度商品やサービス等を購入してよいとするものです。包括方式では、支払の際にクレジットカードを提示することになります。そのとき、支払回数を一括払いにすることも分割払いにすることも可能です。
　リボルビング方式は「リボ払い」とも呼ばれており、クレジット等の限度額と月々の支払額を決めて契約をし、その範囲内であれば何度商品やサービスなどを購入してもよいという支払方式です。分割払いと似ていますが、分割払いが商品等を購入するたびに支払代金・回数が決められるのに対し、リボ払いは購入金額にかかわらず、１回ごとの支払額があらかじめ定められています。
　クレジットカードを使用してよく買い物等をする人は、割賦販売法上においては、主に包括方式で代金の支払を行っていることになります。そのため、一括払いの場合もあれば、分割払いの場合もあるでしょう。いずれにしても、支払時に指定した回数で、

その商品等の代金に関するカード会社（信販会社）への返済を終えることができるのが包括方式（総合方式）の特徴です。

一方、リボ払いは、毎月の支払額を一定にすることができるという利点があります。そのため、カード会社からの請求額を見てびっくりする、といった事態になるのを防ぐことはできます。

しかし、購入の回数や金額の合計にかかわらず、毎月の支払額が一定である、ということは「借り過ぎになりやすい」ことにもつながります。単に毎月の支払額が一定になって便利である、という理由だけで、安易にリボ払いを選択するのはやめた方がよいでしょう。そして、リボ払いを利用している間は、定期的に支払残高を確認し、自分の支払能力を超える金額を借りないように十分注意することが必要です。

■ **リボ払いの利用例**

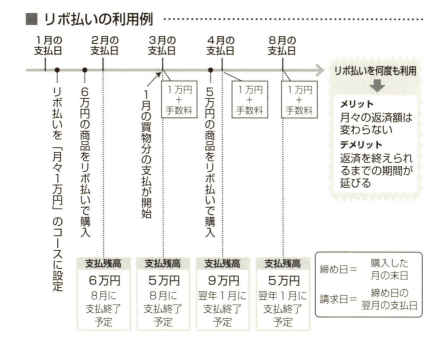

割賦販売の広告や書面の受取りにあたって注意すべきことは何でしょうか。

月々の金額に惑わされずに総支払額を冷静に判断することが重要です。

　たとえば、宝石店の広告で、「本真珠のネックレスが4,000円で入手可能！」と書いていたものの、実際には半年にわたる4回の分割払いを選択した場合の月々の支払額が4,000円であったというケースで考えてみましょう。本ケースの宝石店は割賦販売業者に該当します。割賦販売法で定める割賦販売とは、販売業者・役務提供事業者が、商品などの対価を2か月以上の期間にわたり、かつ、3回以上に分割して受領することを条件に（信用購入あっせんではボーナス一括払いも含む）商品などの販売を行うことをいいます。割賦販売の対象となるのは、政令で指定された商品・権利・役務（指定商品・指定権利・指定役務）に限られます（信用購入あっせんでは、指定商品以外の消費者トラブルが頻出したことから、現在では不動産販売等を除く、すべての商品や役務を扱うクレジット取引が対象となっています）。

　割賦販売の広告をする際には、支払方式に応じて支払期間や支払回数、利率といった法定事項を一括して表示します。また、割賦販売契約を締結した場合、必要事項（割賦販売条件）を記載した契約書面を交付しなければなりません。個品方式と総合方式の必要事項は、①割賦販売（提供）価格、②賦払金（各回ごとの代金の支払分）の額、③賦払金の支払時期および方法、④商品等の

引渡時期、⑤契約の解除に関する事項、⑥所有権の移転に関する定めがあるときはその内容、⑦その他割賦販売法施行規則で定める事項です。一方、リボルビング方式の場合、上記の④〜⑦に加えて、⑧現金販売（提供）価格、⑨弁済金（各回ごとの支払金額）の支払の方法が必要事項となります。また、リボルビング方式の場合、弁済金請求の際に、あらかじめ支払時期・支払金額・算定根拠を明示した書面を購入者に交付する必要があります。

　本ケースの割賦販売法の規制対象である宝石店などは、商品の広告の態様や、契約書面に記載する事項が規制されており、消費者が誤解するような記載は避けなければなりません。宝石店の広告は、割賦販売法に規定された事項の記載を怠ったものといえます。消費者がこの宝石店から商品を購入する場合には、前述した内容について契約書面を十分に確認する必要があります。

■ 割賦販売法の規定する指定商品・指定権利・指定役務 ………

種　類	指定されている対象物
指定商品（抜粋）	真珠・貴石・半貴石、幅が13cm以上の織物、履物及び身の回りの品を除く衣服、ネクタイ・マフラー・ハンドバッグ等の装身具、履物、書籍、ビラ・パンフレット・カタログ等の印刷物、ミシン・手編み機械、はさみ・ナイフ・包丁等の利器、浄水器、レンジ、天火、こんろ等の料理用具、化粧品、化粧用ブラシ・化粧用セットなど54項目。
指定権利	①人の皮膚を清潔・美化し、体型を整え、または体重を減らすための施術を受ける権利、②保養のための施設またはスポーツ施設を利用する権利、③語学の教授を受ける権利、④学校や専修学校の入学試験のための備えや学校教育の補習のために学力の教授を受ける権利、⑤児童・生徒・学生を対象としている、サービスを提供する事業者の事業所で行われる、入学試験への備えや学校教育の補習のための学力の教授を受ける権利、⑥電子計算機・ワードプロセッサーの操作に関する知識・技術の教授を受ける権利、⑦結婚を希望する者を対象とした異性の紹介を受ける権利。
指定役務（抜粋）	人の皮膚を清潔・美化し、体型を整え、または体重を減らすための手術を行うこと、入学試験の備えまたは学校教育の補習のための学力の教授、結婚を希望する者を対象とした異性の紹介、など10項目。
前払式特定取引の指定役務	婚礼・結婚披露のための施設の提供・衣服の貸与その他の便益の提供及びこれに附随する物品の給付、葬式のための祭壇の貸与その他の便益の提供及びこれに附随する物品の給付。

 期限の利益喪失約款があると即日一括払で請求されても仕方ないのでしょうか。

 書面による催告があった日から20日以上経過しなければ一括請求に応じる必要はありません。

　たとえば、商品を分割払いにより購入にあたり、契約書に「支払を1回でも怠った場合には直ちに残金を一括請求する」という条項があったとしましょう。これは、期限の利益喪失約款という条項です。多くの分割払いの契約では、債務者が定められた支払金を払わない場合、債権者は期限の利益（支払期限までは代金を支払わなくてよいという債務者の利益のこと）を喪失させ、残価の一括での支払いを要求することが多いようです。

　ただし割賦販売法では、支払金を払わないことを理由に、購入者の期限の利益を喪失させ、または契約を解除するためには、20日以上の期間を定めて書面で催告しなければならない、という義務を販売業者に課しています。支払いを少し怠っただけで解除等をされてしまうのは購入者に酷であるため、このような販売業者の解除権等を制限する規定が置かれているのです。

　また、契約を解除されたとしても、購入者に不当な賠償金が請求されることのないように、損害賠償額（違約金）を一定の範囲に制限する規定が置かれています。

　前述のケースでは、契約書に「直ちに」と規定されています。しかし、割賦販売法によると、購入者が支払を怠った場合、期限

の利益の喪失により残金を一括請求されるとしても、それまでの期間については、前述のように催告から「20日」以上の期間を空けなければなりません。そこで、この「直ちに」と規定されている部分については従う必要はないでしょう。

さらに、前述のケースで、実際に支払を滞らせてしまった場合であっても、少なくとも催告から20日を経過しないうちに販売業者が解除することはできないでしょう。

ただ、契約を締結した以上、特約を理由に契約解除や損害賠償請求を求められる可能性があることは、消費者側も知っておく必要があります。いくら割賦販売法などで契約解除について制限が設けられていても、その制限の範囲内であれば当然その特約は有効ですし、適法か違法かのボーダーライン上にあるような規定があれば、裁判などの形で業者と長期にわたって争うことにもなりかねません。本ケースの場合も、トラブルに巻き込まれないためには、契約締結前に契約書や約款の内容を確認し、不明な点は販売業者に確認し、納得して契約することが必要です。

■ 割賦販売を行う事業者に対する規制

| 購入者が分割代金の支払いを怠っても事業者は直ちに解除することはできない |
| 事業者が購入者に請求できる違約金は一定額に制限される |
| 契約不適合（商品の欠陥など）について事業者が責任を負わないという特約は禁止 |

購入者の保護を図っている

購入した家具の所有権が製造業者に留保されていた場合にはどうなるのでしょうか。

事情を知らない第三者は即時取得を主張して家具の所有権を取得できる可能性があります。

　割賦販売は、売主側から見ると、商品が手元に残らない上に、買主が何らかの事情で支払いを滞らせ、代金を回収できない、というリスクがあります。そのような売主のリスクを分散させるために行われているのが、「代金を回収できない状況になったときは、代わりに対象の商品を回収する」という方法です。売買の対象が動産である場合には、抵当権の設定にかわる方法として、その動産に担保を設定することがあります。これが所有権留保と呼ばれるもので、売買契約書に所有権を留保する旨の特約を設けるという方法で行われます。所有権が売主に留保されている場合、買主と売主の契約のことを全く知らない第三者が関わってくると、難しい問題が発生します。

　たとえば、タンスの製造業者と販売店との間で所有権留保特約をつけた契約書によって売買契約を結び、その後に販売店がタンスを消費者に売却した後、タンスの代金の大半を製造業者に支払わないまま販売店が倒産したというケースで、タンスの所有権をめぐる問題を考えてみましょう。この場合、販売店から購入した消費者は第三者の立場にあたります。

　製造業者の立場からすると、契約書どおり所有権を主張するのは当然の権利だということになるでしょう。反対に、消費者の立

場からすると、所有権の所在を知らないまま販売店に代金を払い、自分の物になったはずのタンスを、なぜ見知らぬ製造業者に引き渡さなければならないのか、ということになるでしょう。

このような問題について、判例は第三者（消費者）の権利を保護する姿勢をとっています。その理由は、①製造業者は支払いの途中で販売店が第三者に転売することを認知している、②製造業者は販売店の経営状況を容易に確認できる、③第三者が販売店に代金を払い、タンスの引渡しを受けることで、その所有権を即時取得（取引によって動産を取得した場合、たとえ後で譲渡人が無権利者であることが発覚しても、権利の取得が認められる制度）したと考えるのは当然で、製造業者が所有権留保を主張するのは信義則（権利者であっても権利の行使は相手の信頼を裏切らないように誠実に行わなければならないという原則）違反にあたるといったことが挙げられています。

前述のケースの場合も、販売店と製造業者との間では所有権留保特約が結ばれてはいますが、タンスは消費者に転売されています。タンスのような動産の場合、即時取得という民法上の制度によって、製造業者はタンスを購入した消費者に対して、その所有権を主張できません。つまり、タンスの所有権が製造業者に留保されている事実を、消費者が通常の注意でも把握できなかったのであれば（善意・無過失）、消費者は即時取得を主張できます。

■ 所有権留保のしくみ

売主 ←割賦販売（所有権留保特約をつける）→ 買主

代金を全額回収するまで所有権は売主にある

第2章 ● クレジット契約をめぐるトラブル

提携ローンはローン提携販売と違うのでしょうか。

ローン提携販売と提携ローンは別物です。提携ローンは販売業者が保証人にはなりません。

　ローン提携販売とは、購入者（消費者）が、カードなどを利用して販売業者から商品等を購入する際に、商品等の代金を金融機関から借り入れ、2か月以上の期間にわたり、かつ、3回以上に分割して金融機関に返済することを条件に、販売業者が購入者の債務を保証する販売方式をいいます。

　ローン提携販売のしくみは、まず購入者が販売業者と売買契約を結ぶ際、購入者と金融機関の間で金銭消費貸借契約（借主が金銭を貸主から受け取って、それと同額の金銭を後で返還することを約束する契約）が締結され、購入者が金融機関から商品の代金分の金銭を借り入れます。購入者は、借り入れた金銭を販売業者に対する支払に充てますが、この際、購入者の返済債務について販売業者と金融機関の間で保証契約（本来の債務者が債権者に対する債務の支払いを怠った場合に債務者の負う債務の履行を保証する契約）が結ばれます。その後、購入者が金融機関に対し月々のローンを返済していくのですが、購入者の返済が滞った場合、保証債務を負う販売業者が返済することになります。また、保証契約の部分について、販売業者が専門の保証業者に保証を委託することもあります。

　ローン提携販売の場合、販売業者に対して、ローン提携販売条

件を表示する義務と、契約締結時に書面を交付する義務が課されています。なお、ローン提携販売には割賦販売では規制されていた、期限の利益を喪失させる措置についての規制（60ページ）は定められていません。

以上に対し、たとえば「販売業者の取引銀行との間で提携ローンを組むと、低金利で商品を購入できる」と聞いて、消費者が結んだ売買契約において、通常の割賦販売よりも厳しい期限の利益喪失条項が置かれていたとします。この取引は、実務でよく使われている「提携ローン」と呼ばれる取引です。提携ローンは割賦販売法が定めていない取引で、購入者が金銭（手数料）を支払って販売業者以外の第三者に保証を委託するものです。売主である販売業者が保証人となる契約である、割賦販売法が定めるローン提携販売とは全く異なります。

このように、実務上では使われている言葉が法律用語と一致しないことはよくありますので、取引相手がどのような内容を話しているのか、注意深く確認する必要があります。

■ ローン提携販売のしくみ

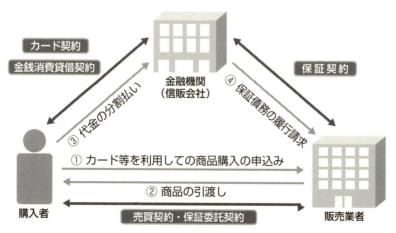

第2章 ● クレジット契約をめぐるトラブル　　65

 **クレジットカードで購入した商品をキャンセルするとどうなるのでしょうか。**

 抗弁権の接続が認められず、クレジット会社への支払を拒絶できない場合もあります。

　クレジットカードを作成・利用して商品等を購入した場合、信販会社から立替払いを受けます。そして、クレジット会社（信販会社）に対して購入代金を2か月超の分割払いなどで返済することになります。このように、購入者（消費者）がクレジット会社（包括信用購入あっせん業者）の交付するカードを利用して商品等を購入し、販売業者がクレジット会社から立替払いを受け、購入者が代金をクレジット会社に対して支払う契約形態を割賦販売法において「包括信用購入あっせん」といいます。通常は、クレジット会社と販売業者の間には加盟店契約（販売業者がクレジット会社の発行するカードで決済できるようにするための契約）が結ばれていますが、加盟店契約がなくても、包括信用購入あっせんに該当することになります。

　包括信用購入あっせんの対象は、購入から支払までが2か月を超えるものであれば、1回払い、2回払いも規制対象に含まれます。ただ、翌月一括払いの支払方法（マンスリークリアカード）は、割賦販売法の規制の対象外とされています。

　クレジット会社は、利用者に対してカードを交付する場合や、交付済みのカードの利用可能限度額を変更する際には、利用者の支払能力や借入れの状況などについて調査します。この調査に基

づいて算出された金額を包括可能支払見込額といい、限度額を設定する際の基準となります（次ページ）。そして、商品等の販売契約を締結した際には、購入者は販売業者から支払総額・各回の支払金額・支払時期など、必要事項を記載した契約書の交付を受けます。また、クレジット会社からは、弁済の時期・算定根拠などについて記載された書面の交付を受けます。

購入者が商品の欠陥・不着、販売契約の無効・取消など、販売業者に対して支払を拒絶する正当な事由をもつ場合、その抗弁をクレジット会社に対しても主張することができます（抗弁権の接続）。ただし、代金の支払総額が4万円未満の場合には、抗弁権の接続が認められないため、販売業者に対する抗弁をクレジット会社に対して主張することができなくなります。

したがって、購入者がカードを使って購入した商品の代金が4万円未満だった場合には、キャンセルしても抗弁権の接続が認められないので、注意が必要です。

■ **クレジットカードを利用した商品購入のしくみ**

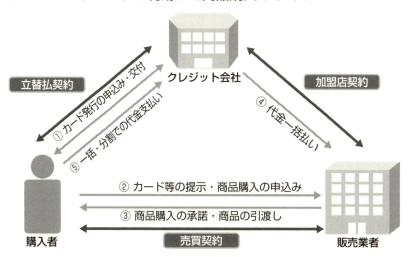

 **カードの入会審査に通らず納得がいきません。なぜ審査に通らなかったのか、確認する方法はないでしょうか。**

 指定信用情報機関に登録されている個人情報の開示請求をします。

　クレジットカードの入会（会員登録）を申し込んだ場合、まず資格審査が行われます。その際、クレジット会社（カード会社）は、指定信用情報機関（氏名・生年月日・電話番号・勤務先などの個人情報が集約されている機関）から申込者に該当する情報を探し出します。具体的には、過去にクレジットカードやローン（銀行ローン・消費者金融）を利用した人の場合、これまでに利用したローンやクレジットの取引内容がクレジット情報（クレジットヒストリー）として指定信用情報機関に蓄えられています。過去にクレジット会社や消費者金融会社などに対する返済の遅延や、金融機関からの取引停止といった事実に関する記録も、指定信用情報機関に登録されています。ブラックリストと呼ばれているものですが、申込者の情報がブラックリストに載っていると、入会を拒否される可能性が高くなります。

　また、入会の可否だけでなく、クレジットカードで購入できる上限額の審査も、指定信用情報機関の情報を基に行われます。

　クレジット会社には、消費者の支払能力を調査する義務があるとともに、支払可能見込額（原則として年収と預貯金の合計額からクレジット債務と生活維持費を除いた金額）の90％にあたる金額を超える限度額を定めるクレジットカードの発行が禁止されて

います。生活維持費の金額は、住宅ローンの返済、家賃の支払いの有無や世帯人数を基に法令で定められています。

　本ケースのようにクレジットカードの入会拒否をめぐってときどき生じるのが、思い当たる事情が何もないのにブラックリストに登録されている、ブラックリストの判断基準がわからない、というトラブルです。この場合、自分の個人情報が誤って扱われている可能性があるので、個人情報保護法（個人情報の取扱いについて規制する法律）に基づき情報の訂正を求める必要も出てきます。

　ブラックリストを理由にカードの交付が拒否されたことになると、指定信用情報機関に誤ったクレジット情報が掲載されている可能性もありますから、速やかに開示を請求した方がよいでしょう。あなたの場合も、個人情報の取扱いに誤りがある可能性もありますから、指定信用情報機関に連絡して、クレジット情報の開示を求めるのがよいでしょう。指定信用情報機関は「JICC（日本信用情報機構）」「CIC（株式会社シー・アイ・シー）」の２社です。

■ 開示請求の方法

インターネットによる開示請求	パソコンやスマートフォンの画面上で即時に信用情報を確認することができる	1000円（クレジットカード決済のみ） ※JICCではコンビニ決済やペイジーなども利用できる
郵送による開示請求	信用情報開示申込書と運転免許証などのコピーと手数料を同封して請求。10日程度で書面が到着する。	1000円（定額小為替証書のみ） ※JICCではクレジット決済も利用できる
窓口における開示請求	運転免許証などを提示してJICC、CICの窓口で請求すればその場で信用情報の書面が交付される。	500円（現金のみ）

 **カードの盗難保険制度について知りたいのですが。**

 会員規約を守って使用していれば盗難保険制度で補償されます。

　クレジットカードの盗難・紛失があった場合、すぐにクレジット会社に届出を行えば（警察への届出も必要な場合があります）、クレジットカードが無効とされる前に盗難者・拾得者に不正使用されていたとしても、盗難保険（盗難・紛失保険）制度により損害が補てんされるしくみになっています。クレジット会社が損害保険会社と盗難保険契約を結んでいますから、会員はこの保険に自動的に加盟することになります。加盟する損害保険会社によって多少の違いはありますが、基本的には会員のクレジットカードの紛失・盗難があった場合、その旨の届出から約60日前までの不正利用による代金が補てんされます。

　ただし、クレジットカードの盗難保険制度には、免責条項が定められています。免責条項とは、クレジットカードの紛失や盗難があったとしても、盗難保険が下りず、会員がその損害を負担する場合の条件のことです。具体的には、次のような場合に、会員本人がその損害を負担しなければなりません。

① 　会員の故意や過失による盗難・紛失

　本人の管理がずさんな場合や、わざとクレジットカードを盗難・紛失する状況にさせた場合です。

② 　会員の家族・同居人による不正利用

クレジットカードを不正に利用したのが会員の家族や同居人などの場合です。
③　第三者へ譲渡・貸与・担保入れしたカードである場合
たとえば盗難にあったクレジットカードが、友人から借りたものである場合には、盗難保険は適用されません。
④　一定期間届出のない場合
届出をしないと盗難保険を利用できないことがあります。
⑤　虚偽の届出である場合
本人が第三者と結託して不正利用を装い、紛失・盗難されたと嘘の届出をした場合、もちろん盗難保険の適用はありません。
⑥　著しい社会秩序の混乱があった場合の盗難や紛失
たとえばクーデター、テロ、戦争、大地震などの著しい社会秩序の混乱の中で、クレジットカードが盗まれたり紛失した場合には、盗難保険が適用されません。
以上のように、クレジットカードを紛失したり盗難にあった場合であっても、免責事項に該当するような事情がない限りは、すぐに届出をすることで盗難保険の適用を受けることができます。

■ 名義人以外の者によるカード利用と代金の請求

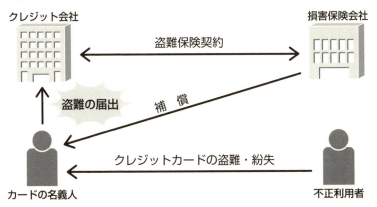

クレジットカードを不正に使用された場合はどうしたらよいでしょうか。

被害に気づいたら即座にカード会社に連絡し、警察に被害を届けましょう。

　何らかの方法で、あなたのクレジットカードが不正に使用された可能性があったとしましょう。カード自体が手元にあれば、所持しているカードそのものを使用したのではなく、カードの情報を使用したと思われます。至急警察に被害届を出しましょう。その上で、クレジット会社（カード会社）にも不正使用があったことを届け出ます。通常、クレジットカードには盗難保険がかけられています（70ページ）。ただ、カードの名義人自身が利用規約に違反している場合などは、盗難保険が適用されないこともありますので、注意が必要です。利用規約を一度確認してください。

　最近多発しているのが、不正に読み取ったカード情報を基に作成した偽造クレジットカードによる不正使用です。これを「スキミング」といいます。加盟店などに読取装置がとりつけられている場合もあるようです。

　今日の私達の社会では、クレジットカード、電子マネーが記録されたカード、銀行や郵便局のキャッシュカードなど、多くの磁気カードが利用されています。もし不正に作り出された磁気カードが市場に出回って、本物と同じように使用されたとすれば、経済秩序に大きな混乱を招くことになります。このような混乱を回避し、社会における磁気カードの信頼性や有用性を保つための刑

法の規定が「支払用カード電磁的記録に関する罪」です。この規定によって処罰される行為は、人の財産上の事務処理を誤らせる目的で、①磁気カードを不正作出すること（電磁的記録を不正に作り出すこと）、②不正作出された磁気カードを供用（提供または使用）すること、③不正作出された磁気カードを譲り渡し、貸し渡し、輸入すること、④不正作出された磁気カードを所持すること、⑤不正作出のための準備をすること（不正な電磁的記録を取得・保管をすること）です。たとえば、クレジットカードをスキミングしたり、プリペイドカードの利用可能金額を改ざんしたりする行為が処罰されます。

　本罪においては、磁気カードのうち、クレジットカードのような代金または料金を支払う目的で用いるカード（支払用カード）の不正作出と、預貯金の引出用カードの不正作出を処罰の対象としています。なお、本罪の成立が認められるためには、単に不正作出するのみでは足りず、人の財産上の事務処理を誤らせる目的を持っていることが必要です。これらのカードが通貨・有価証券と同様の機能を果たすことから、財産上の事務処理がなされる場面で行使する目的がある場合に処罰範囲を限定したものということができます。

■ 利用した覚えのない請求がなされた場合の対処法

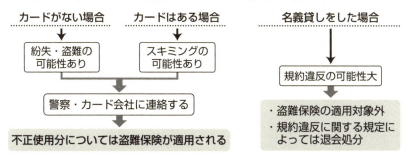

第2章 ● クレジット契約をめぐるトラブル

 知人のパソコン購入時にカードを貸しましたがその知人が夜逃げしてしまいました。パソコンの購入代金を支払う必要があるのでしょうか。

 原則として購入代金を支払う必要があります。

　カードやクレジット契約の名義を他人に貸すことは「名義貸し」に該当します。盗難であればクレジット会社の盗難保険の補償を受けられる可能性がありますが、名義貸しの場合、名義人の同意のもとに契約したわけですから、補償は行われません。また、クレジット会社は、約款（利用規約）で名義貸しを禁じているのが通常ですし、加盟店（パソコンを販売した店舗）は、名義貸しによる契約であることを知らなかったわけですから、善意の第三者として保護され、名義人であるあなたはパソコン代金を支払う義務を負うことになります。ただし、知人に対しては不当利得を理由に購入代金相当額を返還するよう請求することができます。

　なお、他人名義のクレジットカードの不正使用は、詐欺罪にあたる可能性が考えられます。クレジットカードを利用した信用販売取引は、カード名義人に対して与えられた信用に基づいて成立する取引です。そのため、他人名義のクレジットカードを使用することは、他人（名義人）に与えられた信用を自分自身に与えられたかのようにだますことになります。そのような詐欺行為によって、加盟店がカード使用者を正式な信用販売取引の主体であると誤信し、カード使用者に商品を交付したと判断され、加盟店に対する詐欺罪（刑法246条1項）が成立する場合があります。

クレジット契約で商品を購入する際どんなことに気をつければよいのでしょうか。

販売業者側に課されている義務が守られているかを確認しましょう。

　ショッピングクレジットとは、割賦販売法上の「個別信用購入あっせん」（個別クレジット契約）のことで、クレジット契約とも呼ばれます。商品の代金はクレジット会社（個別信用購入あっせん業者）から販売業者に立て替えられ、購入者が2か月超の分割払いや1回払いなどの方法でクレジット会社に返済します。

　通常、代金の支払が完済するまでは、目的物や権利の所有権をクレジット会社が留保する形になります。購入から支払までが2か月超のものであれば、1回払い、2回払いも規制対象に含まれます。ショッピングクレジットは、クレジットカードがなくても商品を購入できる点では便利です。ただ、クレジットカードを利用する場合には、購入者自身がどの会社のカードを使うのかを選択できます。一方、ショッピングクレジットの場合には、クレジット会社は販売業者の都合で決まります。したがって、購入者自身でクレジット会社を選択することはできません。

　ショッピングクレジットで商品の売買契約をした場合、販売業者は、購入者に対して、支払総額、支払時期・方法、契約解除に関する事項などを書面で示さなければなりません。なお、販売業者が一定の取引を行う場合、クレジット会社は、消費者契約法や特定商取引法に違反する事実の有無について調査することが義務

付けられています。

　契約内容についてはクレジットカードで購入する場合と同様の規制が置かれています。具体的には、契約不適合（瑕疵担保）責任（目的物が契約の趣旨に適合しない場合に売主が買主に対して負う責任）を不当に免責する特約を結ぶことは禁じられています。

　また、購入者側から契約を解除した際の損害賠償金（遅延損害金）が一定の額を超えないように制限されています。さらに、購入者の債務不履行を理由に期限の利益を喪失させて一括支払を要求する場合、クレジット会社は20日以上の期間を定めて書面で催告しなければなりません。なお、購入者が販売業者に対して契約の取消権や欠陥商品の交換請求権などの抗弁権を持つ場合は、その抗弁をクレジット会社にも主張できます（抗弁権の接続）。

　ショッピングクレジットを勧められたら、以上の消費者を保護する規制に従っているかどうかを確認するとよいでしょう。

■ 個別信用購入あっせん契約のしくみ

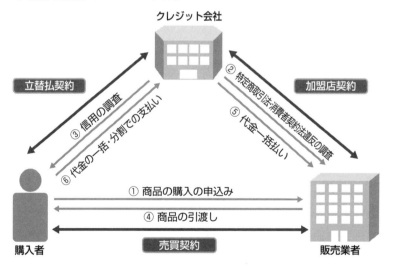

 **クレジット契約で注文した物と違う商品なので支払を止めたいのですが。**

 商品の価格によってクレジット会社に対する支払を拒否できない場合があります。

　本ケースの「クレジット契約」は個別信用購入あっせんという取引です。ショッピングクレジットとも呼ばれています。購入者、販売業者、クレジット会社（個別信用購入あっせん業者）の三者が登場する契約です。商品などの代金はクレジット会社から販売業者に立て替えられ、購入者が2か月超の分割払いや1回払いなどの方法でクレジット会社に対して返済します。通常、代金の支払が完済するまでは、目的物や権利の所有権をクレジット会社が留保する形になります。

●抗弁権の接続という考え方

　ショッピングクレジットで代金の支払いをする場合、販売業者とクレジット会社の両方と契約を結ぶことになります。それぞれ別の契約ですから、本来なら販売業者の責任で商品の引渡しが遅れても、クレジット会社に落ち度はないので、購入者はクレジット会社に対して支払いをしなければなりません。

　しかし、実質的には商品の購入とクレジット契約が連動して行われており、商品の不良があったのに代金を支払わなければならないとなると購入者に大きな負担がかかります。購入者をこのような状況から救済するのが「抗弁権の接続」という考え方です。

　抗弁権の接続とは、購入者が商品の欠陥や引渡期日の遅延（商

品の引渡しが行われていない）などを販売業者に主張（抗弁）できる場合には、その抗弁をクレジット会社などの第三者にも主張して、クレジット会社からの支払請求を拒むことができる、という考え方のことです。この抗弁権の行使について、購入者に不利な特約を結んだとしても、そのような特約は無効となります。

ただし、商品等の支払総額が4万円未満の場合には、抗弁権の接続が認められないため、販売業者に対する抗弁をクレジット会社に主張することができなくなります。

たとえば、販売業者が商品の引渡期日を遅延していても、商品の価格が3万5000円のときは、抗弁権の接続が認められず、購入者はクレジット会社に対する支払いを拒否できません。どうしても支払いを避けたい場合は、履行が遅れたことを理由に販売業者との契約を解除する方法がありますが、ひとまずは販売業者の対応を見守るのが得策でしょう。

■ ショッピングクレジットで誤った商品を引き渡された場合

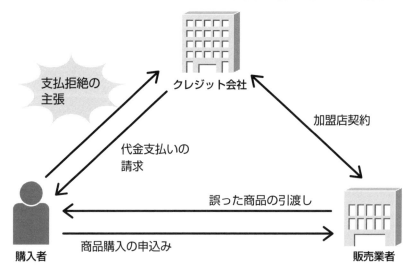

契約解除に伴い商品を返還してもクレジット代金を全額払う必要があるのでしょうか。

損害賠償の額（違約金）に上限があるので不当な請求は拒絶できます。

　クレジット契約やクレジットカードを利用した取引では分割払いで代金を支払うことも多いでしょう。決められた支払時期に返済するのは購入者の義務であり、支払の遅れは契約に反する行為です。一方、購入者の側からみると、購入者は各回の支払時期までは割賦金の支払をする必要がありません。この購入者（債務者）に認められる利益を「期限の利益」といいます。
　ただ、多くのケースでは、購入者が決められた時期までに債務を支払わなかった場合には、クレジット会社が残代金を一括して請求できることが契約で定められています。本ケースで残代金を一括請求されたのはこのためです。

●契約解除に対する一定の制限
　何らかの事情があったとはいえ、クレジット代金を延滞したあなたには、債務不履行があったことになります。この場合、販売業者やクレジット会社は、購入者との契約を解除し、損害賠償を請求することができます。しかし、何の制約もなく損害賠償を認めると消費者が多大な被害を受けるので、割賦販売法では契約の解除と損害賠償について一定の制限を設けています。
　これによると、支払が遅れた場合における契約の解除は、20日以上の期間を定めて書面で支払いを求めて（催告）、それでも履

行されなかったときに初めて可能になります。

　また、損害賠償の額（違約金）としては、以下の額に契約解除の日からかかる遅延損害金（法定利率により計算）を加算した金額以上の支払いを求めることはできません。
① 　商品などが返還された場合は通常の使用料の額
② 　商品などが返還されない場合は販売価格に相当する額
③ 　商品などの引渡し前の場合は通常契約に要する費用の額

　なお、すでに支払った割賦金がある場合には、その額が控除されます。この制限は、契約書に損害賠償に関する特約があっても適用されます。

　本ケースの場合は商品を返還していることから、上記①にあたるため、損害賠償の額は使用料の額に制限されます。そこで、あなたが残代金の一括返済の要求に応じる必要はありません。

■ 代金支払を怠った購入者の対抗手段

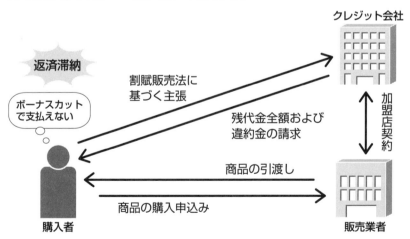

クレジット契約で購入した商品を解約したいのですがどうしたらよいのでしょうか。

契約が特定商取引法上の一定の取引にあたる時はクーリング・オフができます。

　たとえば、自宅を訪れた販売会社（販売業者）のセールスマンから宝石を購入する際に、手元に現金もクレジットカードもなかった場合に、販売会社が「クレジット会社と提携しているので分割払いも可能です」といって、3回払いなどの契約を結ぶということがあります。このように商品などを購入する際に、購入者が販売会社と提携しているクレジット会社（個別信用購入あっせん業者）と立替払契約を結ぶ契約をクレジット契約（個別信用購入あっせん契約）といいます。商品などの代金はクレジット会社から販売会社に立て替えられ、購入者が2か月超の分割払いや1回払いなどの方法でクレジット会社に返済します。

　そして、特定商取引法の訪問販売、電話勧誘販売、連鎖販売取引、特定継続的役務提供取引、業務提供誘引販売取引の5つの取引についてクレジット契約を結んだ場合には、商品などの販売契約とともにクレジット契約もクーリング・オフが可能です。たとえば訪問販売の際は、クーリング・オフできる期間は法定の書面を購入者が受領した日から起算して8日以内です。クレジット会社に通知を発送すれば販売会社との販売契約も解約されたとみなされますが、販売会社にも通知しておくと安心です。なお、クーリング・オフの通知は内容証明郵便により行うと確実です。

Question 16 クレジット契約の分割払いにより購入した契約を取り消したら、支払ったお金を返してもらえるのでしょうか。

クレジット会社に支払ったお金は返してもらえます。

　クレジット契約（個別信用購入あっせん契約）とは、商品購入の際にクレジット会社（個別信用購入あっせん業者）が販売会社に立替払いをして、購入者が2か月超にわたって分割払いまたは一括払いで代金をクレジット会社に支払う契約のことです。

　クレジット契約を取り消す方法として、特定商取引法上の訪問販売、電話勧誘販売、連鎖販売取引、特定継続的役務提供取引、業務提供誘引販売取引にあたる場合は、所定の期間内にクレジット会社に対してクーリング・オフができます（前ページ）。

　その他、商品などの販売契約に特定商取引法上の取消事由（不実の告知、事実の不告知、過量販売など）がある場合には、販売契約とともにクレジット契約も取消しが可能です。この取消権を行使する際は、販売会社とクレジット会社の双方に取消しの通知をしなければなりません。なお、クーリング・オフはクレジット会社への通知のみで足ります。

　たとえば内職のために必要な製品を購入したとすると、法律上は業務提供誘引販売契約（仕事の提供を口実に、仕事に必要な商品であるとして、商品を販売する契約）に該当します。業務提供誘引販売契約のクレジット契約は、法定書面を受領した日から起算して20日以内のクーリング・オフ期間があります。また、販売

会社が勧誘の際に重要な事実を伝えていなかった場合（事実の不告知）、または商品について真実と異なる説明をしていた場合（不実の告知）などには、業務提供誘引販売契約とともにクレジット契約も取り消すことができます（割賦販売法35条の3の13）。

そして、取消権を行使した時点で購入者がクレジット会社に代金の全部または一部を支払っている場合、クレジット会社がその代金を返還すべきことになっています。そのため、購入者は内容証明郵便などによる取消しの通知をした後、クレジット会社に対して代金の返還を請求できます。

なお、クレジットカードを使う包括信用購入あっせんは、販売契約とともにクレジット契約を取り消す制度がありませんが、クレジットカードを使った商品購入を取り消した際は、クレジット会社に対し支払拒絶の主張が可能です（抗弁権の接続）。

■ 代金の返還を求める通知書（内容証明郵便）

通知書

私は平成○○年○月○日株式会社○○との間で、3回払いでパソコンをお支払いする、貴社とのクレジット契約を結んだのですが、株式会社○○の説明に事実と異なる点があり、割賦販売法35条の3の13に基づき、すでにお支払い致しました33万5千3円の返還を要求致しますのでご承知おき下さい。

平成○年○月○日

東京都○○区○○1丁目1番1号
株式会社○○
代表取締役 ○○○○印

東京都○○区○○2丁目2番2号
○○○○殿

親の同意がないとクレジット契約を結べないのでしょうか。

原則として親の同意がない未成年者の法律行為は取り消すことができます。

　未成年者がクレジット契約（個別信用購入あっせん）によって分割払いで商品を購入した場合、支払責任を負うのでしょうか。
　たとえば未成年者のAが、家電量販店でBという販売員に勧められてパソコンを購入しようとした際に、分割払いを希望したところ、Cという信販会社とのクレジット契約書を渡されたので、Aはそれに記入したというケースで考えてみましょう。
　20歳未満の未成年者の法律行為には、法定代理人（親権者もしくは未成年後見人）の同意が必要です。同意を得ることなく行った法律行為は、取り消すことができる、とされています。
　未成年者は独立して法律行為を行うには判断能力などが不十分であるため、制限行為能力者として位置づけられています。
　ただし、①単純な贈与を受けたり、債務を免除されるなどの行為、②法定代理人が処分を許した財産を自由に処分する行為、③一定の内容の営業を法定代理人が許可した場合に、その営業に関する法律行為については、未成年者であっても単独で行うことができます。
　そして、単独でできる法律行為については、未成年者であるという理由での取消は認められません。
　このように、未成年者の法律行為は原則として取り消すことが

できますが、未成年者が、自分を成年者であると信じさせるために相手をだました場合には、後になって自分が未成年者であることを理由としてその法律行為を取り消すことはできません。

したがって、前述のAが、自分のことを20歳以上であるかのように偽った場合には、Aは後で自分が未成年者であることを理由に契約を取り消すことはできなくなります。

そのような事情がなければ、Aは、家電量販店との売買契約を、未成年者が法定代理人の同意を得ずに行った法律行為であることを理由として、取り消すことが可能です。

なお、売買契約だけを取り消しても、信販会社Cとの代金支払契約は残ってしまうことになりますが、この場合には、売買契約の取消を信販会社Cに対しても主張することができます。

つまり、Aは信販会社Cからの支払請求を拒否することができるのです（抗弁権の接続、77ページ）。なお、仮に代金の一部をすでに支払っていた場合であっても、信販会社Cに対して、支払い済みの代金について、返還請求を行うこともできます。

■ 未成年者の契約に対する規制

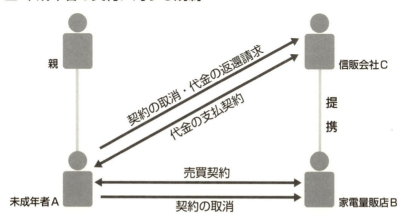

Question 18

お得な情報や優待券、商品券などの特典がある百貨店の「友の会」への入会をする際に、注意しておく点はありますか。

割賦販売法上の他の取引よりも規制が緩いので、注意が必要です。

本ケースのような前払式特定取引では、買主が先に代金を支払い、目的物の引渡しは原則として支払後になります。冠婚葬祭を取り扱う互助会や、百貨店の友の会などの取引が該当します。

前払式特定取引には、契約内容や取引条件の明示を要求する規定がありません。経済産業省から前払式特定取引についての標準契約約款が事業者に通知されて、約款の記載事項は遵守する必要がありますが、割賦販売やクレジット契約に比べると規制は少ないので、契約前に約款などを確認することが重要です。入会した組織が悪質である場合、退会しようとすると組織側から解約を断られたり、高額の解約金を請求されることがあります。

■ 前払い式特定取引のしくみ

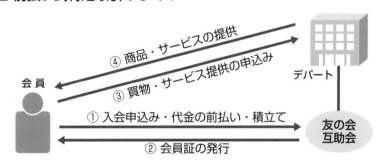

第3章

住宅ローン返済や任意売却をめぐるトラブル

Question 1 住宅ローンが支払えない場合にはどうしたらよいのでしょうか。

Answer 無理な返済は事態を悪化させるので避けるようにしましょう。

　住宅は大きな買い物であり、日常の金銭感覚が鈍ってしまうことが多いものです。ローンを組んで住宅を購入する際に、私たちは借入可能額、つまり「いくら借りられるか」を重視しがちです。借入可能額は申し込む人の年収などから算出しますが、実はこの額と実際に毎月返済することのできる額（返済可能額）との間には大きなギャップがあります。つまり借入可能額と返済可能額とは全く別のものなのです。

　本ケースのように、住宅ローンがどうしても払えない状況になると、何とかして住宅ローンを返そうと、その場しのぎで簡単に借りられる消費者金融やクレジット会社から借入れをし、結果的に多重債務に陥るという人も少なくありません。住宅ローンを返済できなくなれば、大事なマイホームを取り上げられるという恐怖感からこのような行為に走ってしまうのかもしれませんが、消費者金融などからの借入れは住宅ローンよりも金利が大幅に高く、かえって事態を悪化させることにもなりかねません。相談者の場合も、手持ちのクレジットカードでキャッシングをするのは、思いとどまるべきです。

　住宅ローンの返済が一度滞ったからといって、いきなり家を競売にかけるような強硬姿勢に出る金融機関はありません。

ですから、まずは借り入れた金融機関に返済ができない事情を正直に告げ、今後についての話し合いをしてみてください。

●今後の対策

その後の返済計画としては、次のような方法があります。

① リスケジュール

返済期間を延長して月々の返済額を減らしたり、一時的に利息だけの返済にするなどして、返済可能な状態にすることをいいます。すべての状況で金融機関がリスケジュール（返済計画の変更）を受け入れてもらえるわけではありませんが、失業状態が一時的だったり、ローンの返済期間がそれほど残っていない場合などには、許可してもらえる可能性があります。

② 売却

どうしても返済のメドが立たない場合は、残念ですが担保となっている住宅（および敷地）を売却するのが現実的な方法です。

金融機関の同意を得て、任意売却をした方が高い金額で売れる可能性が高いのですが、通常は返済不能となった段階で金融機関が担保権（抵当権）を実行し、住宅が競売にかけられることになります。売却価格よりローン残高の方が多い場合は借金が残りますが、今までよりも少ない返済額ですむでしょう。

■ 返済が困難になったとき

第3章 ● 住宅ローン返済や任意売却をめぐるトラブル

 **住宅ローンを組むと設定される抵当権とはどのようなものなのでしょうか。**

 住宅ローンを担保するためのもので、支払いが滞れば競売にかけられる可能性があります。

　住宅ローンを組んだ場合、銀行Aと住宅の購入者Bの間では金銭消費貸借契約（貸金契約）が締結されたことになります。

　住宅ローンでは多くの場合、数百万円から数千万円という大金の貸付が行われます。このため、銀行Aは確実に返済を受けられるよう、住宅に担保をつけたり、保証人（連帯保証人）を立てるといった対策をしています。そして、購入した住宅を担保にする場合、その住宅に抵当権が設定されるのが一般的です。

　抵当権とは、債権者が貸金などの債権（被担保債権）を担保するために、債務者または第三者の土地や建物（不動産）に設定する権利です。債務者が債務を返済しない場合には、抵当権者（債権者）は、抵当権設定者（債務者または第三者）の土地や建物を競売にかけて、その売却代金から債権の回収を図ります。

　つまり、購入者Bがローンを払えない場合には、抵当権が設定されたマイホームが担保として取り上げられてしまうのです。マイホームといっても住宅ローンを完済するまでは、自分のものであって自分のものでないようなものなのです。

　抵当権は、銀行Aと購入者Bとの間の抵当権設定契約に基づき、購入者Bのマイホームに抵当権設定登記がなされることになります。

●保証会社が抵当権者となる理由

　お金を借りる際に保証人を立てることがありますが、住宅ローンの場合は保証人の代わりに保証会社を立てます。保証会社は借主が住宅ローンを返せない場合に「保証」をしてくれますが、住宅ローンに保証会社がついている場合は、貸主である銀行ではなく保証会社を抵当権者として抵当権を設定するのが通常です。

　住宅ローンに保証会社がついていて、銀行（貸主）が抵当権者になっていた場合、銀行が保証会社から代位弁済（債務者に代わり弁済すること）を受けると、住宅ローンの債権者は銀行から保証会社に移転し、同時に抵当権者も保証会社に移転します。保証会社の代位弁済後も債務者（借主）が住宅ローンの残額を支払わない場合、保証会社は抵当権が設定されたマイホームの競売申立てをすることになります。この場合、登記簿上の抵当権者が銀行のときは、抵当権者を保証会社に移転する登記をして、それから競売を申し立てなければなりませんが、登記は費用と手間がかかります。そこで、住宅ローンに保証会社がついている場合は、競売をするまでにかかる余分な費用と手間を省くため、最初から銀行ではなく保証会社を抵当権者とした登記がなされるのです。

■ 抵当権とは

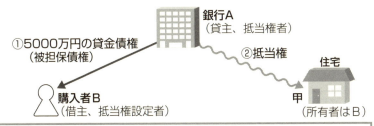

 夫婦でペアローンを組んで住宅を購入しましたが、離婚することになった場合、ペアローンで支払う物件はどうしたらよいのでしょうか。

 離婚後に自宅を売却するのか、夫婦の一方が住み続けるのかによって対応が異なります。

　自宅をペアローンで購入した場合、ローンが完済していれば問題ありませんが、ローンの支払いが残っている場合は、自宅を売却するのか、あるいは夫婦のいずれかがこれまで通り住み続けるのかによって対応が異なります。

　通常、ペアローンでは夫婦それぞれが1本ずつローンを組み、借入額の割合に応じて、夫婦それぞれが自宅の持分を共有することになります。

　たとえば、5000万円の物件について夫が4000万円、妻が1000万円のペアローンを組んで購入した場合、夫4/5、妻1/5を持ち分として共有することになります。

　離婚によって、妻が自宅をでて、夫が住み続ける場合は、夫が妻の持分を買取り、その代金を妻は自分のローンの返済に充てることになります。仮に売却代金で妻のローンが完済しても、ペアローンでは、お互いが相手のローンの連帯保証人になっているため、夫がローンの支払いを滞れば、連帯保証人である妻に返済義務が生じることになります。

　つまりペアローンでは夫婦の両方がローンを完済するまでは、いずれか一方がローンを完済したとしても、支払義務から逃れることはできないわけです。

したがって、いずれか一方が自宅に住み続ける場合には、これまで通り夫婦が協力し合ってローンの返済を続けていくことが大切です。
　金融機関に応じてもらえる場合は、夫が妻の名義分を買取る際に、夫名義のローンについて、妻を連帯保証人から外すよう交渉してみるのもよいでしょう。
　また、買い取り金額だけでは妻名義のローンを完済させることができない場合は、妻分のローンも含めて新たに借り換えをする方法も考えられます。借り換えができれば、妻は自身のローンだけでなく、夫名義のローンについても連帯保証人からは外れることになるので、自宅について支払義務が発生することはなくなります。ただし、夫に1人でローンを返済するだけの収入があるかなどの審査が必要となりますので、一度金融機関に問いあわせてみるようにしましょう。
　名義を変えずに夫婦共有のまま、互いにローンを返済することもできますが、返済中に夫婦の一方が死亡したり行方がわからなくなったりとトラブルの原因にもなりますので、離婚に際しては自宅の名義を変更しておく方が無難です。
　ローンが滞納すれば、金融機関から自宅が差し押さえられ、強制的に競売にかけられる危険性があります。ローンの支払いが難しい場合は、自宅の売却を検討してみてください。競売よりも自主的に売却（任意売却）した方が、売却金額が高くなりますので、それだけローンの残額を減らすことができるからです。
　なお、自宅を売却してもなおローンが残る場合は、自己破産などの債務整理を検討する必要がありますので、弁護士などの専門家に相談するようにしましょう。

 競売や任意売却はどちらを利用するのが有利なのでしょうか。

 どちらも一長一短なので慎重に検討する必要があります。

　住宅ローンの支払いが滞った結果、銀行や保証会社などの債権者が自宅に設定された抵当権（担保権）を実行することを競売といいます。競売がなされると、自宅は裁判所の手続きによって売却されますが、競売の申立て後であっても入札開始前くらいまでであれば、銀行や保証会社が任意売却に応じてもらえる可能性があります。任意売却とは、裁判所の手続きによらずに、自宅を売却することをいいます。売却方法は通常の不動産売買と同じように、買受人を見つけて自宅を売却することになります。債務が膨れ上がり、自宅を売らなければ返済ができなくなった場合、競売を利用するのがよいか、任意売却を利用するのがよいかは迷うところです。どちらにもメリット・デメリットがあるので、一概にはいえませんが、一般的な競売、任意売却のメリット・デメリットは次のようになります。
　まず、競売のメリットですが、手続はすべて債権者が行うので、債務者は何も行う必要がないという点を挙げることができます。また、手続が終わるまで通常半年～1年、長い場合には2～3年以上かかることがあるため、その間、自宅に住み続けることができます。一方、デメリットは、市場価格よりかなり低い金額で売却される可能性があることと、競売後の残債務について、債権者

が厳格に対応することが多いことなど挙げられます。

　これに対し、任意売却のメリットとしては、市場価格に近い金額で売却できる可能性が高いこと、売却後の残債務については、債権者に柔軟に対応してもらえることも少なくない点などが挙げられます。一方、デメリットは、短期間に自宅を退去しなければならないことが多い点などです。裁判所が関与するわけではないので、先に手数料などを払わせて任意売却がうまくいかなくても返金しないという悪質業者に引っかかることもあり得ます。

　このように、どちらにもメリット・デメリットがあるので、どうしても外せない条件は何なのか、何を優先すべきかをじっくりと考えて、慎重に検討するようにしましょう。

■ 競売と任意売却

競売の メリット	・手続きはすべて債権者が行うので、債務者は何もする必要がない ・競売手続きは通常半年～1年ほどはかかり、その間は自宅に住み続けることができる。
競売の デメリット	・市場価格よりかなり低い金額で売却される可能性がある ・競売後の残債務については、債権者は厳格に対応することが多い（残債務を支払えなければ、破産などを考えるしかない） ・近隣の住民、その他第三者に競売を知られてしまう可能性がある ・裁判所で競売情報を閲覧した不動産業者や不動産ブローカーなどが大勢自宅にやってくる可能性がある
任意売却の メリット	・市場価格に近い金額で売却できる可能性が高い ・一般の売却と変わらない方法なので、近所の人々には、住宅ローンが支払えなくなったから売却するということはわからない ・売却後の残債務については、債権者に柔軟に対応してもらえることも少なくない ・売却代金から引越代を出してもらえることがある
任意売却の デメリット	・競売と比較して、短期間に自宅を退去しなければならないことが多い ・契約などの手続きに債務者自身が関与しなければならない ・先に手数料などを払わせ、任意売却がうまくいかなくても返金しない悪徳業者に引っかかることがある

自宅が競売にかけられそうなのですが、どのような準備をしておくべきでしょうか。

税金を滞納しないように注意しながら期限の利益喪失後の対応を考えておきましょう。

　住宅ローンが支払えず、いずれ債権者が競売の申立てをすることがわかっている場合には、それに備えておくことは大切です。この間に十分な対策をしておくと、後々の返済についてトラブルの発生を避けることができます。

　まず、不動産を所有していると固定資産税を支払わなければなりません。固定資産税の支払通知は、市区町村から3月頃に送られてきます。原則として、破産をしたとしても、税金の支払義務はなくなりません。また、税金の滞納に対しては、役所も厳しい取立てを行ってきます。ただ、どうしても支払えない場合には、役所に事情を説明するとよいでしょう。

　また、期限の利益喪失について、対策を立てておくことも大切です。期限の利益とは、定めた返済期限までは債務を支払わなくてもよいことをいいます。ただ、一般的には、返済が遅れると、期限の利益を喪失してしまいます。期限の利益を喪失した場合、債務者は、返済期限が来ていなくても、残債務（残った債務の金額）を一括で支払わなければならなくなります。たとえば、平成29年5月に120万円を借り、平成29年6月から12回払いで毎月10万円を返済し、返済が2か月滞った場合に期限の利益を喪失する契約を結んだとしましょう。この場合、平成29年7月までは返済

したものの、8月、9月の2か月間返済をしないと、期限の利益を喪失することになります。つまり、期限の利益喪失により、残債務100万円（プラス遅延損害金）を一括で支払わなければならなくなります。通常、住宅ローンの支払いについての期限の利益を喪失すると、保証会社が代位弁済をし、その後、競売を申し立てます（91ページ）。これを防ぐためには、期限の利益の喪失による一括請求を引き伸ばすことです。

たとえば、契約に、「返済が2か月滞った場合には期限の利益を喪失する」と記載されていたとしても、すぐさま一括請求されるとは限りません。通常、債権者は催告書を送って来ます。支払わない限り、毎月のように催告書が送られてきます。催告書の回数はどんどん増えていきますが、ある程度催告書がたまってきた時点で、それまで滞納していた金額のいくらかでも支払っておくと債権者の競売申立てを防ぐことができます。その際には、丁重な詫び状なりを送付しておけばより効果が増します。最終的には、競売や任意売却で自宅を失うとしても、これをある程度繰り返しておくと、その間に、資金を貯めることができる他、自宅を失った後に向けての様々な準備に要する時間を稼ぐことができます。

■ 期限の利益の喪失

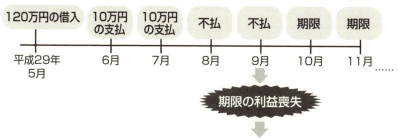

第3章 ● 住宅ローン返済や任意売却をめぐるトラブル

 住宅ローンを支払えず自宅が差し押さえられ競売にかけられることになりました。即座に出て行かなければなりませんか。

 家は失いますが、落札者が決まるまでは住み続けることができます。

　差押とは、対象となっている不動産を処分（売却・贈与など）できないようにすることです。相談者のように住宅ローンの支払いが滞っていると、自宅に設定されている抵当権が実行され、競売にかけられてしまいます。裁判所によって競売開始決定がなされると、対象となっている不動産には差押が行われ、債務者はその不動産を誰かに売ることなどができなくなります。

　自宅を差し押さえられた場合、落札されれば自宅を失うことにはなりますが、差押があってもすぐに出ていく必要はありません。というのも、競売は裁判所を通した手続きなので、厳格さが求められます。そのため、競売対象である自宅の調査などに時間がかかりますし、申立や登記手続の費用もかかります。競売にかけられた自宅が実際に落札されるまで、債務者はそのまま自宅に住むことができますから、時間がかかればかかるほど、自宅に長く住むことができます。そして、その間はローンの支払いも不要ですから、それまでローンとして支払っていた分のお金を、生活を再建するために使うことができます。競売は落札まで通常1年ほどかかるので、その間に資金を貯めることができます。

　競売が落札されるまでに時間がかかるのは、差押をした後に次のような手続がとられるからです。

まず、裁判所は、不動産をめぐってどのような債権が存在するのか、不動産自体にどれだけの価値があるか、という情報を集め、登記されている他の抵当権者などに対して、期間内に債権の届出をするように催告します。次に、執行官に対して現況調査命令を発し、不動産の占有状態などを調査させ、評価人に対して評価命令を発し、不動産の評価額を鑑定させます。この結果、現況調査報告書と評価書が作成されます。裁判所はそれを基に、不動産の売却基準価額（売り出し価額）と売却期日（期間）を決定し、その情報を物件明細書として、誰もが閲覧できる状態にします。入札では、もっとも高い金額をつけた者が落札して買受人（競落人）になります。買受人が代金を納付すると不動産の所有権移転登記が行われ、届け出た債権者への配当が行われますが、それまで数年かかることもあります。

　したがって、相談者は買受人に所有権が移るまでの間は、自宅に住み続けることができます。また、競売を申し立てたり、任意売却を試みても買い手がなかなかつかず、実質的にずっと住み続けられる可能性もありますし、売りに出しても買い手がつく見通しがない、あるいは売れたとしてもきわめて低い価格でしか売れない、というような場合には、抵当権者が競売や任意売却での回収をあきらめ、そのまま住み続けられる可能性もあります。

■ **不動産競売の流れ**

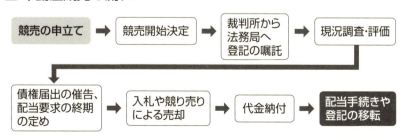

任意売却を検討していますが、不動産の共有名義人である元配偶者の同意をもらわないといけないのでしょうか。

共有名義人は利害関係人ですので、その同意は必ず必要になります。

　任意売却は、競売とは異なって、所有者が売却の意思をもっていることが前提です。対象不動産を中心として利害関係を有する多数の人（利害関係人）が存在しているケースがほとんどですので、すべての利害関係人の合意を得る必要があります。

　まず、利害関係人が債権者の場合、いくらで売却するのか、売却代金からいくら配分されるのか、いつまでにもらえるのか、といった、自身の債権回収に関連する条件について検討の上、合意することになります。次に、不動産の占有者の場合には、占有を続けてよいのか、立ち退かなければならないのか、立ち退いた場合には、立退料をもらえるのか、もらえるとすれば、いくらもらえるのか、そしていつまでに立ち退かなければならないのか、といった条件について合意できるかどうかを判断します。

　最後に、共有不動産の場合は、共有者全員の同意を得る必要があります。対象不動産が夫婦共有名義で、その後離婚が成立した場合に、共有者である元配偶者と連絡が取れない、あるいは売却に応じないとすると、売却手続きを進めることが困難となってしまいます。そのため、離婚前に不動産の処分についても十分に話し合いをしておく必要があります。

任意売却ではどんな手続きをするのでしょうか。スケジュールを教えてください。

利害関係人が多い場合には、事前に必要書類を確実にそろえておく必要があります。

　大きく分けて、①利害関係人の事前の合意に向けた準備に関する手続き、②買受人を探し出して取引を行うまでの手続き、③取引当日の手続き、に分けて考えると理解しやすいでしょう。

① 　利害関係人の事前の合意に向けた準備に関する手続き

　①の段取りが必要になるのは、任意売却を行うにはすべての利害関係人の同意が必要だからです。この同意を得るためには、さまざまな条件をリストアップした上で、一人ひとり、個別に確認をとっていかなければなりません。この事前準備をきちんと終えておけば、手続きの半分以上は終えたと言っても過言ではないでしょう。事前の準備段階では、債権者・債務者・所有者・占有者などの実態調査と、抵当不動産の現況調査を行います。これによって抵当不動産を取り巻く環境を把握することができます。

　次に、抵当不動産の調査時点での資産価値について査定を行い、売却による回収見込額を見積もります。以上の資料をもとに、いよいよ各利害関係人の意向を確認して、売却までの期間、予定している売却価格、代金の配分方法について同意をとりつけます。すべての利害関係人の同意を得られたら、②の段階に進みます。

② 　買受人を探し出して取引を行うまでの手続き

　①で合意に至った条件で抵当不動産を買い受けてくれる買受希

望者を探します。買受人が見つからない場合や、条件面で折り合いがつかない場合には、売却価格の見直しを行います。売却価格を見直した場合には、それに応じて配分の調整を行い、利害関係人にその旨を伝えて同意を得なければなりません。

買受人が決まり、抵当不動産の売却に関する条件が整うと、最終的な合意をまとめた上で、取引の日時・場所・当日の段取りを決め、③の当日の手続きに臨みます。

③　取引当日の手続き

買受希望者の意思確認、利害関係人の調整が終わったら、買受希望者との間で売買契約書にサインします。③の取引当日の手続きは、対象不動産の売却・抵当権解除（設定されている抵当権を抹消すること）・登記抹消手続きと売却代金の受取・配分を同時に行います。③の手続き自体は、原則として1日で終わらせることになりますが、行うべき事項が多いので、利害関係人が多い場合には、事前に必要書類を確実にそろえておく必要があります。当日は手際よく取引を進めるためにも、司法書士に立ち会ってもらうとよいでしょう。

契約書にサインをして、契約に基づいて買受人が債権者に代金を支払い、利害関係人に配分表に基づいた支払いをします。

■ 任意売却手続きの流れ

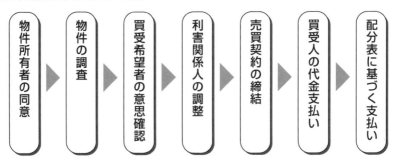

物件所有者の同意 ▶ 物件の調査 ▶ 買受希望者の意思確認 ▶ 利害関係人の調整 ▶ 売買契約の締結 ▶ 買受人の代金支払い ▶ 配分表に基づく支払い

住宅ローンの支払いが困難であるため任意売却を検討しています。住宅ローン債権者との交渉ではどのような点に注意すればよいですか。

相手に任意売却をした方がよいと思わせるのがポイントです。

　住宅ローン債権者（銀行や保証会社など）に「任意売却をしたい」と言っても、簡単には同意してくれないでしょう。債権者が望んでいるのは、担保をとったまま、債務者がローンを払い続けることですから、担保が消えてしまう任意売却に簡単に同意するはずがないのです。したがって、債務者としては、債権者に「任意売却をした方がよい」と思わせる必要があります。

　自宅を維持したままで債務の返済が不可能になった場合、債権者に競売を申し立てられる前に、債務者から任意売却を切り出した方がよいでしょう。その際、買受人および買受額も決めておくと、債権者との交渉もスムーズにいきます。

　ただ、債権者としては、任意売却を切り出したことで、債務者の財産状況が悪化したことを把握し、さまざまな対策をとってくることが予想されますから、任意売却を提案するときは、十分な準備をしておくべきです。具体的には、任意売却の提示をした際に、住宅ローンが支払えないことも伝えておくようにします。ローンを支払えないことと任意売却をしたいことを伝えておけば、その後、ローンを支払わなかったとしても、催告状などが送達されることはないでしょう。債権者としては、対処方法を考えている段階なので、ある程度支払いの猶予がなされるのです。

それでも任意売却に同意してもらえず、債権者が競売を申し立てた場合には、その後に任意売却を提案することも考えておきましょう。不動産の買受人が買受の申出をするときまでは、競売の申立てを取り下げることができるため、競売の申立て後でも、任意売却をすることができるのです。競売の申立てをすると、裁判所は不動産の調査をし、売却基準価額を決定します。この売却基準価額が、その不動産の落札価額の基準になります。タイミングとしては、売却基準価額が決まった後に任意売却の交渉を始めるのです。売却基準価額が決まるまでは、競売で回収できる金額があなたの提示した任意売却価格よりも高くなると思って任意売却を拒否していた債権者も、売却基準価額が思ったより高くなかった場合には、対応が変わる可能性があります。売却基準価額よりもいくらか高い金額を任意売却価格として提示すれば、債権者が競売を取り下げて任意売却に応じる可能性が高くなるでしょう。

■ 任意売却の申し出のタイミング

①住宅ローンの支払い→不能
　　↓
　　十分な準備
　　任意売却の買受人候補者と売却額の決定
　　↓
　─ 任意売却の申し出 ← 第一のタイミング
　　　　　　　　　　・住宅ローンを支払えないことを伝える
　　　　　　　　　　・買受人候補者と売却額を伝える
↓
②競売申立
↓
　　（ここは売却基準価額が決定するまで我慢）
③売却基準価額の決定
　─ 任意売却の申し出 ← 第二のタイミング
　　　　　　　　　　・売却基準価額よりいくらか高い売却価格を提示
↓
　　（ここまでは任意売却の可能性がある）
④買受人による買受の申出

Question 10

住宅ローンの支払いが滞納気味で債権者から任意売却を持ちかけられました。応じるか否か検討する際に気をつけるべき点はありますか。

債権者のペースに乗らずに自分が不利になる条件には応じる必要はありません。

　住宅ローンの支払いが滞った場合、銀行などの債権者は、担保にとっている不動産を競売にかけます。ただ、競売は費用や時間がかかるのと、配当額も一般には低いので敬遠されることがあります。そこで、債権者は競売を敬遠して、任意売却を持ちかけてくることがあります。債務者を思いやっているようにも思えますが、たとえば債権者が、売却を行う不動産業者を指定してきているなどの場合には、すでにこの先の債権回収のシナリオができている、ということが推測されます。

　債権者が指定した不動産業者に売却の依頼をすると、早い段階で買受人が見つかったという連絡がくるでしょう。そして、この売却額を住宅ローンの足しにした債権者は、残りの債務について公正証書の作成を要求してきます。公正証書に強制執行認諾文言を入れることで、仮に債務者が残債務を支払わなかった場合に、直ちに債務者の財産に強制執行をかけることができます。強制執行認諾文言付の公正証書を作成することは、実質的に新たな担保をとられたのと同じことですから、自宅を失ってもなお担保を取られているという、むしろ状況が悪化する可能性すらあります。

　したがって、債権者のペースに乗せられずに、債務者自身に不利な状況となる要求は断るようにした方がよいでしょう。

住宅ローンの支払いが苦しくなっているので任意売却することも検討しています。債務者として、どのような準備が必要ですか。

自宅の価格と債務額を把握した上で任意売却すべきかを検討しましょう。

　本ケースの場合、まずは自宅の価格が現在いくらなのかを知っておく必要があります。価格を知っておくと、対策をたてやすくなります。たとえば、自宅の価格よりも、残っている住宅ローンの金額の方が多い場合、任意売却をした方が得策です。

　また、必ず債務額（残っている住宅ローンの金額）も把握しておきましょう。正確な債務額を知らなければ、今後の方針を決めることができません。債務額によっては、自宅を失わずに住宅ローンを返済することができます。債務額を把握するのは簡単です。返済表などで毎月の支払額、利息額、債務残高がわかります。債権者（銀行など）に連絡してもよいでしょう。

　その結果、今のままでは住宅ローンの返済ができないことが判明した場合には、まずは債権者と話し合ってみるべきでしょう。自分の収入や財産状況を話し、返済方法を見直してもらうのです。これをリスケジュールといいます。うまくいけば、現在の返済額を減額してもらうことができます。ただ、債務額は以前と変わらない（住宅ローンの減額は行われない）点には注意が必要です。「今をしのげればなんとかなる」という状況でしたら、リスケジュールは意味のあるものになります。しかし、今後の収入などに変化がない場合には、リスケジュールは解決策とはならない

かもしれません。

そこで本ケースの場合には、まず住宅ローンの支払いが困難ではなくなる可能性があるかどうかを検討する必要があります。支払い続けることが可能であれば、リスケジュールで乗り切って、自宅を手放さずに生活を再建することも可能です。先行きがわからないような場合には、リスケジュールではなく任意売却を検討した方がよいでしょう。

任意売却を決めた場合には、早めに債権者に対してその旨を伝えるとよいでしょう。競売の申立てがなされても、交渉次第では任意売却をしてもらうこともできますが、交渉が決裂すれば、競売による売却になりますから、任意売却することに決めた場合には、競売の手続に入る前に、債権者との交渉に入りましょう。

■ **任意売却かリスケジュールかの判断基準** …………………

① **自宅の価格を把握する**

自宅の価格 < ローン	自宅の価格 > ローン
↓	↓
任意売却を検討	任意売却以外の方法を検討

② **住宅ローンの残債務を把握する** ← 銀行から交付されている返済表で確認

※ 住宅ローンの返済が可能かどうかを確認

チェックポイント
毎月の支払額・利息額・債務残高

可能な場合	不可能な場合
↓	↓
そのまま返済	銀行に相談

③ **収入の見通しを把握する**

現在だけ収入が下がっていて将来上がる見込みがある場合	将来の収入も不安な場合
↓	↓
リスケジュールを検討	任意売却を検討

自宅を資産家の親戚に売却して住み続けたいのですが、可能でしょうか。

親戚・金融機関双方にメリットのある条件を提示することが必要です。

　住宅ローンの返済に窮した場合に抵当権を実行されて競売にかけられるのを待つのではなく、買受人を見つけ、売買契約を締結するという、通常の不動産売買と同じような方法で売却することを任意売却といいます。任意売却をうまく利用することで、自宅に住み続ける方法があります。

　相談者が考えているように、親戚や知人などに任意売却で住宅を購入してもらう方法です。その上で、住宅の所有者となった親戚などから、住宅を借り受けます。つまり、自宅を売り払う代わりに、新しい所有者に賃料を支払うことで、これまで通り住み続けることができるようになります。親戚でしたら、買受人を探す手間も省けます。しかし、ほとんどの銀行は、親戚間による住宅の売買では住宅ローンを認めていませんから、親戚に自宅を一括で購入するだけの金銭がなければなりません。相談者の場合は資産家の親戚ということですから、この点は問題なさそうです。

　ただ、仮に親戚に金銭的な余裕があったとしても、大金をはたいて任意売却に協力してくれるか、という疑問があります。資産家だから、親戚だから、という理由だけで、任意売却に協力してもらうのは難しいでしょう。

　そこで、その親戚に、任意売却をすることによってメリットが

あることを示す必要があります。

たとえば、親戚に2,000万円で自宅を購入してもらいます。その上で月々の家賃を10万円にしてもらいます。親戚には年間120万円の家賃収入が入ることになります。2,000万円を預金したと考えてみると利回りは年6％になります。銀行預金に比べれば、かなりの高金利といえるでしょう。このように、親戚に買い受けてもらう場合には、いくらで買い受けてもらうか、いくらで借りるのか、を考えておく必要があります。

次に、債権者である金融機関（銀行）との話の進め方ですが、自宅に設定されている抵当権を抹消してもらわなければ意味がありません。住宅ローンの残額に見合った金額で親戚に買い受けてもらう場合はよいのですが、残額未満の場合には、金融機関との交渉が必要になります。一般には、任意売却の方が競売をするより利益が得られる（売却額が高い）ので、金融機関も納得する可能性が高いのですが、提示した売却額では納得しない可能性もあります。この場合、金融機関が競売の申立てをするまで待って、親戚に入札してもらう方法も検討するとよいでしょう。

■ **任意売却で住み続ける方法**

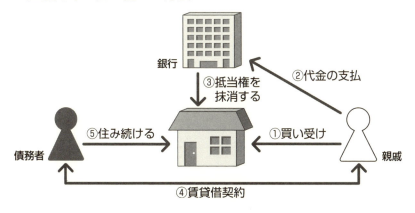

Question 13 任意売却によって債務が減れば弁護士ではなく認定司法書士に債務整理を依頼することも可能なのでしょうか。

　各々の債権者に対する債務額が140万円以下であれば可能です。

　法務大臣の認定を受けた司法書士は認定司法書士と呼ばれ、簡易裁判所において取り扱うことができる民事事件等について代理権が付与されています。その代理権は法律で定められた範囲・分野に限定され、任意整理業務では140万円を超える事案については相談・交渉・和解する権限は認められていません。ここにいう「140万円」ですが、現在では個別説（個々の債権者の債権額が140万円を超えるか否かで判断する）を認めた最高裁判例により、債権者個々の債権額が140万円を超えなければ、認定司法書士に代理権が認められています。したがって、任意売却により債権者個々に対する債務額が140万円以下にまで減額できれば、認定司法書士は代理人として債権者と交渉・和解ができます。

　一般的に「司法書士報酬の方が弁護士報酬よりも安い」との認識から、費用面での負担を軽減できることが認定司法書士に依頼することのメリットと考えられがちですが、一概にそう言い切れるものではありません。債務整理は経験や知識に偏差がでる分野であり、専門家個々の交渉力によって債務額や支払回数等に差がでます。また、専門家との付き合いも比較的長期化しますので、報酬面だけでなく、債務整理を得意とし、信頼に値する専門家かどうかを判断基準として依頼するのがよいでしょう。

第4章

保証・連帯保証・根保証をめぐるトラブル

保証契約とはどんなしくみになっているのでしょうか。

債務者が債務を履行しない場合に保証人が代わって履行する制度です。

たとえば、Aが自宅を新築するために、銀行Bから資金を借り入れることを望んでいるとしましょう。Aに他にめぼしい財産がない場合には、Aは信用力が低いと判断され、銀行Bから融資を受けることは困難になります。銀行Bが、他に財産を持たないAに融資を行うとなれば、後になって貸金債権をAから回収できなくなるおそれがあります。そこで、保証が必要とされるのです。

保証とは、債務者（主たる債務者）が債務（主たる債務）を履行しない場合に、その債務を債務者の代わりに履行する義務（保証債務）を負うことをいいます。これにより、債権者は「保証人」という貸金債権の回収手段を手に入れることができ、債務者も「保証人」の存在で信用力が高くなり、自分に融資が行われることになるので、保証は債権者・債務者双方にメリットがあります。

保証は、保証人という「人」の財産を担保とする制度であることから「人的担保」とも呼ばれ、金融機関から融資を受ける場合や、マンション等の賃貸借契約、住宅ローンや奨学金の借入れなどに際して広く利用されています。

● 保証債務の性質

保証債務については、主たる債務との関係などから、次のような性質があります。

① 主たる債務とは別個の債務

保証債務は「債権者」と「保証人」との間の契約（保証契約）によって設定されます。ただ、債務者に代わって履行するものですから、保証債務の内容は主たる債務と同じとなるのが原則です。

② 付従性

保証債務は主たる債務を担保することが目的ですから、主たる債務が消滅すれば保証債務も消滅します。

③ 随伴性

保証債務は主たる債務の担保ですから、主たる債務が第三者に移転するときは、保証債務もこれに伴って移転します。これを保証債務の随伴性といいます。

④ 補充性

保証人は、主たる債務者がその債務を履行しない場合に初めて、保証債務を履行すればよいとされています。これを保証債務の補充性といいます。

⑤ 書面性

保証契約は口頭だけでは成立せず、書面（または電磁的記録）で締結する必要があります。

■ 保証契約のしくみ

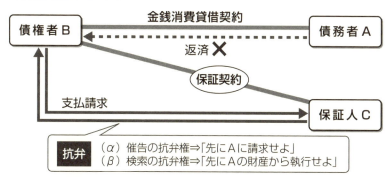

保証にはどんな種類があるのでしょうか。

通常の保証とより保証人の責任が重い連帯保証があります。

　保証には、通常の保証と連帯保証とがあります。両者の決定的な違いは、通常の保証が、主たる債務者が支払いをしないときに初めて、保証人が返済する義務を負うのに対し、連帯保証では、債権者から請求を受ければ、主たる債務者の支払いの有無にかかわらず、保証人は直ちに返済しなければならない点にあります。

　具体的には、通常の保証では、いきなり債権者から保証人へ履行の請求がきた場合、自分よりも先に主たる債務者に請求するよう求めることができます。これを催告の抗弁といい、主たる債務者が破産手続開始決定を受けたり、行方不明にならない限り、保証人は催告の抗弁を主張することができます。また、債権者が主たる債務者に請求（催告）した後に、保証人に履行を請求した場合であっても、先に主たる債務者の財産を差し押さえるよう求めることができます（検索の抗弁）。

　債権者の立場からすると、このような手続きは時間と費用がかかり面倒なので、必ずしも便利とはいえません。つまり、通常の保証では、第一次的に責任を負うのは主たる債務者であって、保証人の責任は副次的なものです。そのため、実際に締結される保証契約のほとんどが、上記の催告の抗弁や検索の抗弁を保証人が主張できない（補充性がない）とする「連帯保証」です。

 主たる債務者の債務が詐欺によって取消し等の主張ができる場合、保証人は、主たる債務者の抗弁権を主張できますか。

 主たる債務者の抗弁権を保証人も主張できます。

　民法は「保証人は、主たる債務者が主張することができる抗弁をもって債権者に対抗することができる」と規定しています。保証債務はあくまでも主たる債務に付従する債務であって、主たる債務者が抗弁権をもって債務の履行を拒むことができるのに、保証人に保証債務を履行させるのは、保証債務が主たる債務に付従するという性質に反するからです。

　抗弁権とは、相手方からの請求を拒絶できる権利のことで、①契約の無効、②契約の取消しや解除、③時効による債務の消滅、④相殺の抗弁、⑤同時履行の抗弁権、⑥留置権の抗弁などがあります。

　たとえば、詐欺を理由に主たる債務が取り消された場合、保証人は主たる債務に取消事由があることを主張して、債権者からの履行請求を拒絶できます。また主たる債務者が債権者に対して債権（反対債権）を有している場合は、保証人は主たる債務者が相殺できることを主張して、保証債務の履行を拒絶することができます。さらに、買掛債務の保証の場合、主たる債務者は債権者から材料の供給と同時でなければ、代金の支払いを拒絶できます（同時履行の抗弁権）。この場合、保証人も同時履行の抗弁権を主張することができます。

友人がマンションを借りる際に保証人になることを依頼されましたが、通常の保証契約と異なる点はあるのでしょうか。

家賃・管理費だけでなく原状回復費用や遅延損害金など賃貸借契約から発生する不特定の債務を保証する必要があります。

　賃貸借契約期間中に病気や失業などで賃借人が家賃を支払えなくなった場合に備えて、通常、賃貸約契約においては賃借人が保証人を用意する必要があります。この保証は「連帯保証」であることがほとんどで、通常の保証のように催告の抗弁や検索の抗弁を主張して支払いを拒絶することはできません。

　また、賃借人の債務を保証するということは、単に滞納家賃や管理費の支払いだけでなく、遅延損害金や退去時の原状回復にかかる費用、更新料や賃借人の死亡や行方不明などによる残置物の撤去にかかる費用の支払いなど、予想外の高額な支払いを請求する危険性もあります。

　さらに、保証人の責任は、原則として賃貸借契約が更新された後も継続することから、長期化することになります。

　したがって、本ケースのように賃貸借契約の保証人を依頼された場合は、保証する債務が広範にわたること、および保証期間が長期化することなどを十分に理解した上で、保証人を引き受けるかどうかを検討する必要があります。

　ところで、賃借人の債務の保証は、①家賃・管理費、②遅延損害金、③更新料、④原状回復費用、⑤残置物の撤去費用など、賃

貸借契約から発生する不特定の債務を保証することから「根保証」にあたります。根保証は、保証人の予想に反し、高額な金銭の支払いを請求されるなど問題も多く、保証人を保護する必要性も高いことから、民法改正後は、個人が保証人となるすべての根保証について、保証する債務の最高額（極度額といいます）を定めない根保証は無効とされます。極度額の定めは書面または電磁的記録（電子メールなど）でしなければならないとされています。

つまり、民法改正後は、賃借人の債務についても予め保証する金額が明示されることから、その金額を見て保証人を引き受けるかどうかを決めることができます。仮に保証人を引き受けた場合でも、保証人の責任は極度額の範囲内にとどまるため予想外の金額を請求されるということもありません。また保証契約に際し、極度額が定められていなかった場合は、保証契約の無効を主張して保証債務を免れることもできます。

民法改正後は、極度額を高額に定めると保証人になることを躊躇するケースが増えることが予想されるため、個人による保証ではなく保証会社による保証が求められたり、あるいは個人が保証する場合であっても家賃の数か月程度など極度額が適正な価格に抑えられるのではないか、といった見解が示されています。

なお、現行法上は極度額の定めがないことをもって、賃借人の債務に関する保証契約の無効を主張することはできません。しかし、賃借人が長期的に賃料を滞納していたり、賃借人に契約当初予想することができなかった資産状況の悪化が見られる場合や、将来保証人の責任が著しく増大することが予想される場合などには、保証人による賃貸借契約の解除が認められる可能性があります。保証人を引き受けた場合であっても、保証債務が予想外に高額になる恐れがある場合は、すぐに専門家に相談するようにしましょう。

個人による貸金の根保証契約で保証限度額・期間の定めは必要でしょうか。

保証限度額（極度額）の定めがない個人根保証契約は無効となります。

　本ケースでは、債権者から主たる債務者に対する複数の融資を個人が保証していますので、平成29年の民法改正により導入された「個人根保証」にあたると考えられます。さらに、改正前民法における、事業資金のための借入れ（貸金等債務）を個人が根保証するという「個人貸金等根保証」にも該当します。

　改正前民法の下では、個人貸金等根保証にのみ極度額の設定などが必要でした。しかし、平成29年の民法改正によって、個人が根保証をするあらゆる場合に極度額の設定などが必要になりました。債権者が、保証人（連帯保証人）との保証契約時に保証限度額（極度額）を設定していなければ、個人根保証契約は無効となります。そこで、極度額の定めがない場合は、債権者が保証人に保証責任を追及してきたとしても、保証人は債権者に支払う必要はありません。仮に極度額を設定していても、保証契約の内容を書面（保証契約書など）または電磁的記録にしていなければ、その場合も個人根保証契約は無効です。

　なお、個人貸金等根保証契約は、５年を超える保証期間を定めることができません（元本確定期日を契約締結日から５年経過日以内とします）。一方、保証期間を定めないと、保証期間が３年とみなされます（個人貸金等根保証契約自体は有効です）。

金銭消費貸借契約の締結にあたり、成年被後見人を保証人とすることはできますか。保証人の資格や責任に制限等はあるのでしょうか。

保証人は基本的に行為能力者であり資力を十分に持っていることが必要です。

　保証とは保証人という「人」の財産を担保とする制度であり、仮に債務者が支払いを怠った場合でも、保証人をとっていれば、その保証人に対しても支払いを請求できるようになります。そのため、事業資金の融資や、住宅ローン、奨学金の貸付など大口の金銭消費貸借については、保証人を立てることを要求されるのが通常です。また小口の融資であっても、債務者の資力に不安があれば、保証人を求められます。さらに、マンションなどを借りるときも、賃料などの債務を保証する保証人が求められます。この他、就職に際して身元保証を入社条件とされることもあります。

　では、債権者から保証人を求められた場合、誰でも保証人になることが可能でしょうか。保証人となる資格は特に制限がなく、債権者が同意すれば、原則として誰でも保証人になることができます。ただし、法律または契約の定めによって、債務者が保証人を立てる義務がある場合には、その保証人は、①行為能力者であり、かつ②弁済資力を有していることが必要になります。

　たとえば、保証人を立てることを契約条件に融資が行われる場合は、上記の要件を具備した保証人を立てる必要があるというわけです。行為能力とは、契約などの法律行為を単独で有効になし得る能力のことをいい、行為能力が制限される未成年者、成年被

後見人、被保佐人、被補助人（保証人となることが制限されている場合に限る）は、保証人となることはできません。

また、保証人を立てる義務がある場合の保証人には弁済資力が要求されることから、保証契約締結後に、保証人が資力を失った場合、債権者は代わりの保証人を立てることを請求できます。これに対し、保証契約締結後に、保証人が制限行為行為者になったとしても、資力に影響を与えることはないので、債権者は他の保証人を立てることを請求することはできません。これらの要件は債権者を保護するためのものであることから、債権者が保証人を指定した場合には、保証人が上記①②の要件を備える必要はないとされています。

なお、平成29年の民法改正では、保証意思をもたない個人保証が原則として禁止されます。個人保証とは、企業が金融機関から融資を受ける場合に、経営者やその家族などの個人が保証人になるケースをいいます。主たる債務者である企業が経営破たんした場合には、保証人が個人の資力を大いに上回る高額の保証債務を負担させられるおそれがあります。そこで、事業のための貸金等債務に関する保証契約等を締結する場合、保証人は明確な保証意思を有することが要求され、保証契約締結日前1か月以内に保証意思を「公正証書」で確認しなければなりません。

■ 保証人になるための資格

債権者 —債権→ 主たる債務者

契約書

保証契約　保証人

【保証人の要件】
①行為能力者であること
②弁済の資力があること
※保証人を立てる義務がある場合

 主たる債務者が履行しない場合、具体的に保証人はどのような責任を負うことになるのでしょうか。

 原則として主たる債務者の代わりに履行義務を負います。

　たとえば、事業資金など貸金債務を保証した場合、保証人は、その貸金債務を弁済する責任を負います。また、企業や個人事業主が経済活動に必要な商品や原材料を購入するときに、その代金債務を保証した場合、保証人はその債務を支払う責任があります。

　一方、根保証契約の場合には、元本確定期日までに発生した複数の債務の元本・利息・違約金・損害賠償など（保証債務について約束された違約金や損害賠償の額も含む）について、極度額を限度として弁済する責任を負います。つまり、保証契約書に「極度額」が記載されている場合は、保証人は極度額まで支払う義務が生ずる危険性があります。極度額が記載されていなくても、マンションなどの賃借人の債務の保証や、身元保証は「根保証」にあたるため、不特定の債務を保証する義務があります。具体的には、賃借人の債務の保証では、滞納家賃・管理費の支払いだけでなく、更新料や遅延損害金、退去時の原状回復にかかる費用や残置物の撤去費用などの支払いも保証人の責任とされています。

　また身元保証の場合は、身元保証をした従業員が職務上の行為により会社に損害を与え、これを会社側が請求してきたときや、従業員が第三者に損害を加え、会社が第三者に賠償したときには、保証人にはこれらの損害金を支払う義務があります。

第4章 ● 保証・連帯保証・根保証をめぐるトラブル　121

債権者から支払を請求されたものの保証人が支払うことができない場合、どのような対応をとることができるのでしょうか。

自己破産のおそれもありますが、任意整理により債権者と交渉の余地があります。

　主たる債務者が返済に困窮すれば、債権者は保証人に対し、保証債務の履行を請求してきます。通常、保証人への請求は一括請求の形をとります。というのも、分割して債務を支払っている主たる債務者が一定回数支払いを滞り、分割払いという期限の利益を喪失した後に、保証人が請求を受けることが多いからです。

　保証人に対する履行の請求が適法である（消滅時効によっても消滅しない）場合に、特に連帯保証人は、主たる債務者と同じ立場で責任を負うため（連帯保証人には補充性がありません、114ページ）、保証人になるということは、主たる債務者と同じ借金を自分も負担するものといってよいでしょう。支払不能となった保証人が保証債務の支払いを免れるには、最終的には自己破産をする他なく自己破産をすれば、自宅などの大切な財産の多くを失うことになります。また、保証人が支払請求を無視すれば、訴訟などの手続きを経て、保証人の財産に対し強制執行が行われ、結局は財産を失います。自宅などの失いたくない財産がある場合は、弁護士や司法書士などの専門家を入れて、債権者と分割払いについて交渉する必要があります。この交渉を任意整理といいます。交渉次第では、将来の利息だけでなく、これまでの利息もカットできたり、長期分割を認めてもらえるかもしれません。

根保証契約を結んで連帯保証人になっているのですが、主たる債務者の資力に不安を感じており、連帯保証人を辞めることはできますか。

特別解約権が認められて、連帯保証人を辞めることができる場合もあります。

　根保証契約の場合、民法などの法律で明記されているわけではありませんが、判例（最高裁判所の判決）により、保証契約時に予想できなかった特別な事情が生じた場合に、保証人が根保証契約を解約できるとする「特別解約権」が認められています。特別な事情としては、①主たる債務者の資産状態が著しく悪化した場合、②代表取締役など一定の地位を前提に保証をした場合などがあります。本ケースでも、主たる債務者の資力に不安があるということですが、上記①に該当するのであれば、特別解約権が認められる可能性があります。

　ただし、特別解約権によって責任を免れるのは、解約の意思表示をした後に発生した債務についてであり、それ以前に発生した債務については責任を免れることはできません。そのため、将来、債権者から保証債務の履行を求められる危険性があります。主たる債務者が不動産を所有している場合は、将来発生するであろう保証人から主たる債務者に対する求償権の担保として、あらかじめ抵当権等の担保権を設定してもらうようにしましょう。主たる債務者が担保権の設定に協力しない場合は、勝手に財産を処分しないように、裁判所に申し立てて主たる債務者の財産を仮差押をして、損害を最小限度にとどめる対策を立てることもできます。

保証契約締結時から長期間経過し、特に連絡等もないため、保証人をやめたいのですが、そのようなことは可能ですか。

主たる債務の消滅等を主張することで保証債務を消滅させることができるかもしれません。

　保証人を辞める方法は、保証が根保証にあたるのか、それとも通常の保証であるのかにより異なります。継続的取引から発生する複数の債務を保証している場合や、賃貸借契約の賃借人の債務を保証している場合などは、保証は根保証にあたります。

　平成29年の民法改正が施行（施行日は2020年４月１日の予定です）されるまでは、個人貸金等根保証（借金を保証する場合など）を除いて、保証額の上限も保証期間の定めもない包括根保証契約を結ぶことができます。この場合は、包括根保証契約の締結後、相当な期間（３年程度）が経過すれば、債権者の承諾なしに当該保証契約を一方的に解約できる可能性があります。

　一方、個人貸金等根保証にあたる場合は、極度額を定めない包括根保証は無効ですので、保証契約書に極度額の定めがなければ、当該保証契約の無効を主張することが考えられます。元本確定期日を定めていない場合は、契約締結日から３年を経過する日に元本が確定します（元本確定期日を定めている場合は、原則としてその日に確定します）。この場合、契約締結日から３年経過後に発生した債務者の債務について、保証人は、弁済の責任を負う必要はありません。また、改正民法では、個人が根保証契約を結ぶ場合（個人根保証契約）は、個人貸金等根保証にあたらなくても、

極度額を定めない包括根保証がすべて無効となります。そのため、保証契約書に極度額の定めがなければ、当該保証契約の無効を主張することが考えられます。本ケースの保証契約が、根保証契約で、無効や解約のできる事情に該当する場合は、債権者に対し、その旨を記載した内容証明郵便を送るとよいでしょう。

●マンションの賃貸借契約で包括根保証契約を結んでいた場合

相当な期間が経過し、かつ賃借人がしばしば賃料を滞納しているにもかかわらず、賃貸人が解約の意思表示をしないときに、保証人が保証契約を解約できるとした判例もあります。

しかし、通常の保証については、相当な期間が経過したことを理由に、保証契約を解約できるとした判例はありません。ただし、主たる債務または保証債務について消滅時効が完成していれば、消滅時効の援用によって保証債務が消滅しますので、これにより保証人をやめることができます。なお、保証人が主たる債務の消滅時効を援用したときは、主たる債務が消滅する結果として、保証債務の附従性により保証債務も消滅することになります。

また、債権の消滅時効期間については、改正民法によって、商法が定める商事消滅時効や、民法が定める短期消滅時効が廃止されます。その上で、原則として権利を行使できるのを知った時から5年（主観的時効期間）、または権利を行使できる時から10年（客観的時効期間）に時効期間を統一しています。

時効期間は、主たる債務者が最後に支払った日からカウントされますが、時効期間が経過するまでの間に、たとえば、主たる債務者が支払いをしていた場合（債務の承認にあたります）は、保証債務の時効が更新（中断）されます。消滅時効を援用する場合は、主たる債務の取引履歴を取り寄せるなどして、時効期間が経過したことを確認してから、内容証明郵便で消滅時効を援用する旨を債権者に通知するとよいでしょう。

Question 11 民法改正で個人保証が禁止されると聞いたのですが、本当でしょうか。

保証契約に先立ち公正証書を作成しない限り、個人保証契約は無効となります。

　個人保証とは、企業が金融機関から融資を受ける場合に、経営者やその家族、知人などの個人が、企業の融資を保証する制度のことをいいます。この制度の下では、資力に乏しい主たる債務者である企業の資金調達が可能になる一方で、主たる債務者が破たんした場合には、保証人である経営者などが、個人の資力では到底、支払えない高額の保証債務を負担させられます。このことから、保証人が自己破産や自殺に追い込まれるケースも後を絶たず、深刻な社会問題となっています。そこで平成29年の民法改正では、個人保証を原則禁止としながら、保証人の自発的な意思が認められる場合には例外的に認めるなどの措置を講じています。

　具体的には、事業のための貸金等債務に関する保証契約や根保証契約など（次ページ図の①②）の締結日前1か月以内に、保証人となる個人の意思を公正証書で確認する必要があり、公正証書が作成されずに締結された事業のための貸金等債務に関する保証契約や根保証契約などは無効となります。つまり、保証契約締結時だけでなく、公正証書の作成時においても、保証人の保証債務を履行する意思（保証意思）の有無が二重にチェックされることになります。

　また、貸金等債務を含めた事業のための債務の保証契約や根保

証契約の締結に際して、主たる債務者は、自らが保証や根保証を委託した個人に対して、自らの返済能力にかかる情報を提供することが義務づけられています。主たる債務者がこの情報提供義務を怠たり、債権者がそのことを知っていた場合等は、保証人は保証契約を取り消すことができます。

　ただし、個人保証の制限は経営とは無関係の第三者である個人を保護する趣旨によるとして、主たる債務者と一定の関係にある個人が保証人となる場合（経営者保証）には、公正証書の作成は不要です。具体的には、主たる債務者が法人の場合は、その取締役、理事、執行役、過半数の株式保有者（総株主の議決権の過半数を有する者）など、主たる債務者が個人事業主の場合は、その共同事業者、債務者の事業に従事する配偶者などが保証人となる場合は、公正証書による保証意思の確認は不要です。

■ 個人保証の契約締結時の公正証書と情報提供義務

	債務者の委託を受けない場合	債務者の委託を受ける場合
①事業のために負担した貸金等債務を個人が保証・根保証	公正証書必要 情報提供義務なし	公正証書必要 情報提供義務あり
②事業のために負担した貸金等債務の保証・根保証の保証人の債務者に対する求償権に係る債務を個人が保証	公正証書必要 情報提供義務なし	公正証書必要 情報提供義務あり
③事業のために負担した債務を個人が保証・根保証（①②を除く）	公正証書不要 情報提供義務なし	公正証書不要 情報提供義務あり

公正証書：保証人が契約締結日前1か月以内に保証意思を確認する公正証書を作成する義務
情報提供義務：債務者が自己の返済資力について保証人に説明する義務

保証人になるよう依頼を受けましたが、実際に契約を締結する際はどのような点に注意する必要があるのでしょうか。

保証人および保証の種類を十分確認し、すべての契約内容に目を通しましょう。

　保証契約を締結する場合、まず契約書の保証人欄をチェックする必要があります。保証人には、「単なる保証人」と「連帯保証人」の2種類があります。単なる保証人は、主たる債務者が返済をしない場合にのみ主債務者に代わり返済する義務を負うことから、催告の抗弁と検索の抗弁という2つの権利が認められています。これに対し、連帯保証人は、債権者から請求されれば、主たる債務者が返済を遅滞していなくても、返済する義務を負います。そのため連帯保証人には、催告の抗弁も検索の抗弁も認められてはおらず、主たる債務者と同一の債務を負うことになります。

　したがって、契約書に「連帯保証人」と記載されていれば、単なる保証人よりも重い責任を負わされることを十分に理解した上で、保証契約を締結するかどうかを決めるようにしましょう。

　次に保証の種類を確認する必要があります。保証の種類には「通常の保証」と「根保証」があり、通常の保証では、債務額や返済期限があらかじめ決められている1回限りの債務を保証するのに対し、特定の債権者との間で将来にわたって発生する複数回の債務を保証するのが「根保証」です。

　根保証では、極度額の範囲内であれば何度でも借り入れをすることができ、借入れに際し、その都度、保証人からサインをもら

う必要がないため、当初の借入金額が少額だからと安易に考えて保証人を引き受けると、知らない間に債務が膨れ上がり、想定外の金銭の支払いを請求されることもあります。保証契約書に極度額が記載されていれば、その保証は「根保証」です。また極度額が定められていなくても、賃貸借契約や身元保証、フランチャイズ契約や代理店契約などの保証も、根保証にあたるとされています。

現行法上、事業資金のための借入れを個人が根保証する場合以外は、保証契約書に極度額を定めていなくても無効とはなりませんが、民法改正の施行後は個人が保証するすべての根保証(個人根保証)について、極度額を定める必要があります。したがって、民法改正の施行後は、個人根保証であれば、契約書に極度額が記載されますので、この極度額まで支払うことができるかどうかを考慮した上で、保証契約を締結するようにしてください。

この他、期限の利益喪失約款や、遅延損害金など契約書に書かれていることはすべてチェックし、不審な点があれば、署名せずに、弁護士や司法書士に相談するようにしてください。保証契約は、あなたの全財産を失わせる危険性がある契約です。そのことを理解した上で、保証契約を締結するようにしましょう。

■ 保証契約締結時の注意点

① 保証人の種類の確認：「単なる保証人」か「連帯保証人」か
　→ 連帯保証人の方が重い責任を負担する

② 保証の種類の確認：「通常の保証」か「根保証」か
　→ 根保証の方が重く、ときに想定外の返済を強いられる

③ 契約内容の確認：不審な点はないか、事前に債務者から聞かされていた内容と齟齬がないか
　→ 少しでも不審な点があれば、契約書にサインしないこと

Question 13 融資に際して保証人を立てる上で、注意しなければならないことはどのような点でしょうか。

 保証人に資力が十分あることを債権者に認めてもらう必要があります。

保証は債権者と保証人との書面（保証契約書など）による保証契約によって成立します。どんなに債務者が「保証人を立てる」と約束しても、保証人自身が「私が保証人になる」と約束（合意）しなければ保証契約は成立しません。そこで、まず保証人に保証意思の有無を確認する必要があります。

次に、保証人が本当に資産家であるかどうかは実際に調査しなければわかりません。そこで、いざというときに債務を支払えるだけの十分な資力をもっているか、源泉徴収票や確定申告書の控えなどで確認してもらう必要があるでしょう。さらに資力があることに加えて、きちんと保証義務を果たすような信用に足りる人物であることも、債権者に確認してもらいましょう。

以上の調査を経て、調査事項に納得できれば、保証人は保証契約を締結します。この場合、保証契約書を強制執行認諾文言付きの公正証書（132ページ）で作成した場合、保証人が履行を拒むと訴訟などを経ずに強制執行が行われます。さらに、保証人が債務者と連帯して債務を保証する連帯保証契約を締結した場合には、連帯保証人に補充性がないため、債権者は、債務者に支払いを請求することなく、いきなり連帯保証人に支払いを請求できることになります。

自分が代表取締役を務める会社の借入金について連帯保証人になっている場合、代表取締役を辞めたときは連帯保証人を辞めることはできるのでしょうか。

特別解約権の行使として連帯保証人を止めることができる場合があります。

　代表取締役を辞任しても、連帯保証人を辞めることはできません。どうしても連帯保証人を辞めたい場合は、債権者から合意を得る必要があります。いわゆる合意解除です。ただ、保証は、主たる債務者が支払わない場合の強力な担保となるため、債権者側も容易には連帯保証人の脱退を認めません。そこで新たな代表取締役に連帯保証人を交代してもらうなど、従前の連帯保証人であるあなたと資力が同じか、あるいはそれ以上の資力のある人を連帯保証人として立てる必要があります。

　もっとも保証契約が根保証である場合は、保証契約時に予想できなかった特別の事情が生じたときに、保証人から一方的に解約する「特別解約権」を認めるのが判例です（123ページ）。

　本ケースのように、代表取締役という地位を前提として根保証契約が締結され、その後代表取締役の地位を離れた場合は、特別の事情が生じたときに該当しますので、特別解約権が認められます。債権者に対して代表取締役を辞任したことを理由に根保証契約を解約する旨の通知を内容証明郵便で送るようにしましょう。

　なお、通知が債権者に到達し、解約の効果が生じる前に発生した主たる債務については、依然として辞任した代表取締役にも保証責任があるため、注意が必要です。

知人の債務の保証人になっていたところ、債権者に返済を請求されました。返済の請求を受けたことを主たる債務者に通知をする必要はありますか。

保証人は、請求を受けた時や債務の履行前後に主たる債務者に通知義務を負います。

　債権者が保証人に債務の請求を行った場合、連帯保証の特約がないときは、催告の抗弁や検索の抗弁を主張して支払いを拒むことが可能です。しかし、債権者が訴訟を提起して保証人に対する勝訴判決を得て、保証人の財産に強制執行する場合があります。また、保証契約が執行証書（強制執行認諾文言がついた公正証書）の形で作成されていた場合には、訴訟を経ずに保証人の財産に強制執行することが可能になるため、注意が必要です。

　なお、保証人が債権者から返済を請求された場合は、必ず主たる債務者にその旨を通知する義務があります。

　そして、主たる債務者から依頼を受けた保証人（委託を受けた保証人）は、保証債務を弁済する前に、主たる債務者にその旨を通知する義務があります（事前通知義務）。事前通知義務を怠って保証人が弁済した場合には、主たる債務者は、相殺など債権者に対抗できる事由をもって保証人に対抗できます。

　また、すべての保証人は、弁済後に主たる債務者に通知する義務があります（事後通知義務）。主たる債務者が保証人の弁済を知らずに、債権者に二重弁済することを防ぐためです。保証人が事後通知義務を怠った場合は、その後に保証人の弁済を知らずに弁済した主たる債務者に対し、求償権を行使できません。

主たる債務者の財産状況や履行状況などの情報について、どのような形で保証人に提供する義務を負っているのでしょうか。

主に3つの時点における情報提供義務が規定されています。

　保証人は債務の総額や、保証しようとする主たる債務者の資力を知ることで、安易な保証の引き受けを防止できます。
　そこで、平成29年の民法改正では「保証契約締結時」「保証人から請求を受けた場合」「主たる債務者が期限の利益を喪失した場合」に、主たる債務者の財産状況や履行状況などの情報の提供を義務づける規定を設けています。

① 保証契約締結時
　主たる債務者は、事業のために負担する債務の保証、あるいは事業のために負担する債務を含む根保証を委託する場合、委託を受けて保証人になろうとする個人に対し、自らの返済資力に関する情報を提供しなければなりません。
　具体的に提供すべき情報は、ⓐ主たる債務者の財産および収支の状況、ⓑ主たる債務以外に負担している債務の有無・額および履行の状況、ⓒ主たる債務の担保として他に提供し、または提供しようとする物の有無およびその内容の3つです。
　この義務に違反して、主たる債務者が情報の提供を怠り、または不実の情報を提供した場合、これにより誤認して契約の申込みや承諾をした保証人は、債権者が誤認の事実を知り（悪意）または知り得た（有過失）ときに、保証契約や根保証契約を取り消す

第4章 ● 保証・連帯保証・根保証をめぐるトラブル　133

ことができます。

② 保証人から請求を受けた場合

　委託を受けた保証人からの請求があれば、債権者は、主たる債務の履行状況についての情報を提供しなければなりません。情報提供を請求できるのは「委託を受けた保証人」に限られますが、保証人が個人であるか法人であるかは問いません。

③ 主たる債務者が期限の利益を喪失した場合

　通常、分割払い（割賦払い）を認める契約では、約束された期日に返済しなかった場合には、債権者は債務者に対し、債務の残額を一括して返済するよう請求できる旨の特約が付されています。この特約を期限の利益喪失約款といいます。

　そして、主たる債務者が支払いを怠り、期限の利益を喪失した場合には、債権者は、主たる債務者が期限の利益を喪失したことを知った時から２か月以内に、個人である保証人（委託の有無は問いません）に対し、その旨を通知しなければなりません。期間内の通知を怠った債権者は、期限の利益喪失から現に通知するまでの間に発生した遅延損害金を、個人である保証人に請求できなくなります。

■ 保証人に対する情報提供義務

	提供義務者	個人保証		法人保証	
		委託を受けた保証人	委託を受けない保証人	委託を受けた保証人	委託を受けない保証人
保証契約締結時の情報提供義務	債務者	○	×	×	×
主たる債務の履行状況の情報提供義務	債権者	○	×	○	×
期限の利益喪失についての情報提供義務	債権者	○	○	×	×

○：情報提供義務が発生する　／　×：情報提供義務が発生しない

子どもが印鑑を無断で持ち出して、親を保証人とする保証契約を結んでしまった場合、無効や取消しを主張できる場合があるのでしょうか。

無権代理による無効や錯誤による取消しが認められる場合があります。

　本ケースは、子どもが自らの債務を親に保証させるため、勝手に親の印鑑を持ち出し、保証契約書に親の氏名を署名して押印した場合です。この場合、親には子の債務を保証する意思はなく、しかも親は子に対して保証契約を締結する代理権を与えていませんので、子の行為は「無権代理」となり、無権代理人である子が締結した保証契約も無効となるのが原則です。

　しかし、保証契約の有効性が訴訟で争われると、①保証契約書（私文書）に親の印鑑（印影）が押されている以上、それが親の意思に基づいて押印されたと推定されます。さらに、②保証契約書に親の意思に基づく押印があるときは、その保証契約書は親の意思に基づいて作成されたと推定されます（①②をあわせて「二段の推定」といいます）。

　この二段の推定を覆すには、保証契約書が親の意思に基づいて作成されていないことを、親自身が立証していく必要があります。立証方法として、署名の筆跡鑑定や子に事実を証言させることなどが考えられます。しかし、推定を覆すことができず、保証契約が有効と判断されることもあります。

　他方、親が子どもに印鑑を預けていた場合はどうなるでしょうか。たとえば、子が借りるアパートの賃貸借契約を親が保証する

第4章 ● 保証・連帯保証・根保証をめぐるトラブル　135

ため、親が実印を子に預けていたところ、子が実印を悪用して、親を自らの借金（金銭消費貸借契約）の保証人とする保証契約を締結したケースです。

この場合、親に保証意思がなくても、保証契約は有効とされる可能性が高くなります。これは「権限外の行為による表見代理」と呼ばれるもので、親が子に与えた代理権限（賃貸借契約の保証契約）を越える行為（金銭消費貸借契約の保証契約）を子がしても、子を信頼して実印まで預けた点に親の落ち度（帰責事由）を認めて、相手方（債権者）が子に代理権があると過失なく信じた場合は、子の代理行為を有効なものとして扱います。

この結果、親に保証契約の効果が帰属し、親は身に覚えのない保証債務を背負わされることになります。家族であっても実印等の貴重品を預けっ放しにしないことが大切です。

●錯誤に基づく取消し

保証契約を取り消せる他の場合としては、①思い違いで保証人となった場合（錯誤）、②債権者または債務者に脅されて保証人となった場合（強迫）、③債権者にだまされた場合（詐欺）、④債務者にだまされて保証人となったことを債権者も知っていた場合（第三者による詐欺）などが考えられます。ここでは、問題となることが多いとされる、①錯誤に基づく取消しについて見ていきましょう。なお、平成29年の民法改正によって、錯誤は無効事由から取消事由に変わっています。

保証における錯誤とは、保証契約の重要事項（法律行為の目的や取引上の社会通念に照らして重要なもの）について思い違いをしたことをいいます。そして、そのような思い違いがなければ保証人を引き受けなかったといえる場合は、保証人となった者に重大な過失がない限り、保証契約を取り消すことができます。

Question 18 事業者との間で個人保証契約を結びましたが、消費者契約法による保証契約の取消しを主張できる場合があるのでしょうか。

事業者が不適切な勧誘を行った場合に取消権を行使できます。

　消費者契約法は、事業者と消費者との間に情報の質や量、交渉力に格差があることから、事業者の不適切な勧誘により消費者が誤認あるいは困惑して契約をした場合には、消費者に契約取消権を認めて、消費者の利益を保護することを目的としています。

　消費者契約法にいう「消費者」とは、事業を行っていない個人のことで、個人事業主は事業と関係なく契約の当事者となる場合に「消費者」に含まれます。他方、「事業者」とは、法人その他の団体の他、個人事業主が事業のために契約の当事者となる場合も含まれます。

　消費者契約法は、事業者と消費者との間で取り交わされる、労働契約を除くすべての契約（消費者契約）に適用されます。そのため、保証契約も事業者と消費者との間で締結されたものであれば、消費者契約法の適用を受けます。たとえば、個人事業主が知人の債務を保証するのは、通常は事業との関係がないので、消費者契約法の適用を受けます。

　では、消費者契約法による契約取消権が認められるのは、どのような場合でしょうか。消費者契約法は、事業者の不適切な勧誘として、①重要事項について事実と異なることを言う（不実の告知）、②不確実なことを断定的に言う（断定的判断の提供）、③重

要事項について消費者に利益になる事だけを言い、不利益になることを故意に言わない（不利益事実の不告知）、④帰れと言ったのに帰らない（不退去）、⑤帰りたいと言ったのに帰してくれない（退去妨害・監禁）を挙げています。そして、事業者が消費者契約の勧誘にあたり上記のいずれかの行為をしたため、消費者が誤認あるいは困惑して契約をした場合には、消費者は、誤認に気づいた時または困惑状態から回復した時から１年以内（平成29年の消費者契約法改正により６か月から１年に延長されました）、または契約時から５年以内に、当該契約を取り消すことができます。

　消費者契約法は、民法上の錯誤・詐欺・強迫の成立要件を緩和し、より広い範囲で消費者に契約取消権を認めているのが特徴ですが、契約取消権の行使期間が原則１年と短く、不利益事実の不告知では消費者側に債権者の故意を立証する責任を負わせていることなどから、消費者保護として不十分ともいえます。

●**債務者から頼まれて保証人になった場合**

　本ケースの保証契約の当事者は事業者と個人保証人なので「消費者契約」に該当し、消費者契約が適用されます。しかし、事業者（債権者）から保証契約を勧誘したとは言い難いときは、消費者契約法上の契約取消権は行使できないと思われます。この場合は、民法上の錯誤・詐欺・強迫による取消しを主張していくことになります。また、個人保証人が債務者の依頼（委託）を受けていたとすると、平成29年の民法改正で導入された情報提供義務違反に基づく取消権の行使も検討されます。これは、債務者が保証契約締結時の情報提供義務に違反した時に、債務者の委託を受けた個人保証人が、一定の要件の下で、保証契約を取り消すことができるとするものです（133ページ）。

他にも保証人がいるとだまされ保証人になりました。この場合、どのような対応が可能でしょうか。

保証契約の取消しが認められる場合があります。

　本ケースのように債務者にだまされた場合は、民法上「第三者による詐欺」にあたります。この場合、債権者（相手方）が債務者（第三者）による詐欺の事実を知らない（善意）ときは、保証契約の取消しが認められません（民法改正後は第三者の善意無過失が要件となります）。そこで、錯誤による保証契約の無効（民法改正後は取消し）を主張できないかが問題になります。
　本ケースでは、保証人になること自体に錯誤はなく、「他に保証人がいるから保証人になってもよい」と思っていることから保証人になる動機の部分に錯誤があります。これを「動機の錯誤」といい、現行法上は動機の錯誤は錯誤に含まれず、原則として無効を主張することはできません。ただし、他に保証人がいることを条件に保証契約を締結していた場合は、動機は外部に表示され、保証契約の内容になっていることから例外的に錯誤無効を主張することができます。したがって本ケースでも、他の保証人の存在を条件として保証契約を締結したというような事情があれば保証契約の無効を主張する余地があるといえます。
　なお、改正民法では、動機の錯誤が明文規定され、「その事情が法律行為の基礎とされていることが表示されていたとき」に限り動機の錯誤による取消しができるとされています。

Q20 債権回収会社から保証債務を履行するよう請求されましたが、応じる必要はあるのでしょうか。

主たる債務者へ通知等されていれば、請求に応じる義務があります。

　金融機関（銀行など）から長期間滞納されている不良債権を買い取り、債務者や保証人から債権を回収する会社のことを債権回収会社といい、サービサーとも呼ばれています。金融機関は不良債権をサービサーに買い取ってもらうことでスムーズに損金処理ができ、またサービサーとしても通常よりも廉価で債権を取得できるので、サービサーへの債権譲渡は広く行われています。

　債権譲渡により債権者が変わった場合には、譲渡人（金融機関）は、債務者に対し債権譲渡の事実を通知するか、または債務者が債権譲渡の事実を承諾する必要があります。この通知・承諾により、譲受人（サービサー）は債権譲渡の事実を債務者や第三者に主張することができます。なお、第三者に対して債権譲渡の事実を主張するには、通知・承諾を確定日付のある証書（内容証明郵便など）によって行う必要があります。

　この通知・承諾がなければ、譲受人は、自己が債権者であることを主張できません。債務者への譲渡通知は、債権譲渡後に譲渡人がしなければならず、債権譲渡前の譲渡通知や、譲受人からの譲渡通知は無効です。一方、債務者による承諾の相手方は、譲渡人または譲受人のいずれにしてもよく、また債権譲渡前であっても有効です。そして、保証債務は主たる債務が移転すると、それ

に伴って移転する性質がある（随伴性）ため、主たる債務者に債権譲渡の通知がなされた場合（または主たる債務者が承諾した場合）は、保証人にも債権譲渡があったことを主張できます。

　本ケースでも、保証人に債権譲渡の事実が通知されていないとしても、譲渡人から債務者への譲渡通知（または債務者からの承諾）があれば、保証人はサービサーからの請求を拒むことができません。そこで、債務者に対し債権譲渡の通知・承諾があったか否かを確認することが必要です。通知・承諾がなければ、保証人はサービサーに保証債務を返済する必要はなく、通知・承諾があれば、保証人はサービサーに返済する義務が生じます。

●債権譲渡時に債務が消滅時効にかかっていた場合

　サービサーは回収困難な不良債権を二束三文で譲り受け、債務者や保証人に債務の履行を請求してきます。その不良債権の中には消滅時効にかかっている債権も多くあります。債権譲渡は時効の中断（民法改正後は時効の更新）事由にはあたりませんので、サービサーに債権が譲渡されても、原則として最後に支払ってから5年（判決を取られている場合は10年）が経過していれば（38ページ）、保証人は主たる債務が時効により消滅したことを主張（消滅時効の援用）して、保証債務を免れることができます。

　このように、保証債務を免れるには、サービサーに対し消滅時効の援用を主張する必要があります（通常は配達証明付の内容証明郵便で行います）。消滅時効を援用しない限り、サービサーは債務者や保証人に対し、債務の履行を請求でき、場合によっては支払督促や訴訟の提起などの強硬手段に訴えてくることもあります。主たる債務が時効期間を経過している場合は、サービサーからの督促に対し、不用意に連絡することは避けましょう。支払督促など裁判所から通知が届いた場合は、これを放置せず、速やかに弁護士や司法書士に相談するようにしましょう。

保証人は債務者が債権者に対して有する債権でもって相殺を主張して保証債務を免れることはできるのでしょうか。

連帯保証人が相殺を援用すれば主たる債務が対当額で消滅します。

　保証債務は主たる債務が消滅すれば、保証債務もそれに伴い消滅することになります（保証債務の付従性）。そして保証人は主債務者が有する債権でもって相殺を主張することができるとされています（民法457条2項）。したがって、本ケースでも、保証人は主たる債務者の債権による相殺を主張でき、主債務が相殺により消滅すれば、付従性により保証債務も消滅するので、保証人は債権者からの請求を拒絶することができます。

　なお、保証人が主たる債務者の債権をもって相殺を主張するということは、保証人に他人の財産権の処分権限まで認めてしまうことになり、過大な権限を与えてしまうおそれがあることから、改正民法では、相殺により主債務が消滅する限度で履行を拒絶できるにとどまることが明文化されています。

　また、相殺の他、主債務者が取消権または解除権を有する場合には、これらの権利の行使によって主たる債務者がその債務を免れる限度において、保証人は、債権者に対して債務の履行を拒むことができることが規定されています。

●主たる債務者、保証人に生じた事由

　ところで、相殺により主債務が消滅すれば、保証債務もその影響を受けて消滅することになります。これを絶対的効力（絶対

効）といい、主債務について生じた事実が当事者間だけではなく、それ以外の者に対しても効力を持つことを意味します。保証債務の付従性から、主たる債務者に生じた事由は、原則として絶対的効力をもち、保証人にも影響を及ぼすことになります。弁済や代物弁済の他、主なものとしては下記のものがあります。

①主たる債務者が債権者に対する債権（反対債権）で主たる債務を相殺した場合、②ともに会社である主たる債務者と債権者が合併した場合（混同）、③債権者のAに対する債権を消滅させ、新たに第三者のAに対する債権を発生させる場合（更改）、④債権者が主たる債務を免除した場合（免除）などは、主たる債務が消滅し、これに伴い保証債務も消滅します。

また、⑤債権者が主たる債務者に訴訟を提起すれば、履行の請求として時効の更新の効力が生じ、これにより保証債務の時効も更新の効力が生じます。他方、⑥主たる債務の時効が完成すれば、主たる債務は時効消滅しますので、保証人は、主たる債務の時効を主張（援用）して、自らの保証債務も消滅させることができます。

一方、保証人に生じた事由のうち弁済・代物弁済・更改・相殺・混同のみが絶対的効力を持ちます。たとえば保証人が債権者に対する債権（反対債権）をもって保証債務を相殺した場合や、保証人が債権者を相続した場合などには保証債務が消滅するだけでなく、主債務も消滅することになります。

なお、現行法上は、保証人が訴訟の提起を受けた場合には、履行の請求によって保証債務の時効は中断され、主たる債務の時効も中断するとして、履行の請求も絶対的効力を持つとされていました。しかし改正民法では、時効の中断が「時効の更新」に改められ、履行の請求が相対的効力（相対効）にとどめられます。つまり、連帯保証人が履行の請求を受けても、主たる債務の時効は更新されないというわけです。

家屋の賃貸借契約の連帯保証人を依頼しようと思っている父は年金生活者であり資力も不十分です。このような場合でも連帯保証人になれますか。

連帯保証人として認められない場合もあります。

　民法上は、法律または契約の定めによって保証人を立てる義務がある場合、保証人は行為能力があり、かつ弁済資力のあることが要件となります。そのため、賃貸借契約の条項の定めにより、滞納した家賃を肩代わりできるだけの資力を連帯保証人に要求することが可能です。賃貸借契約の連帯保証人に要求される一般的な基準は、①親族であること、②滞納分の家賃を肩代わりできるだけの安定した収入があること、③常に連絡が取れること、とされています。よって、年金収入者である両親を連帯保証人に立てる場合、②の要件を満たさない可能性があります。

　ただし、年金収入しかなくても、持ち家などを所有している場合は、資力があるとみなされる可能性があります。逆に給与所得を得ていても、収入が少ない、収入が安定しないなどの理由で連帯保証人としては認められないこともあります。本ケースでは、連帯保証人になってもらおうとしている債務者の父親が、年金生活者であり資力も十分ではないということですので、連帯保証人としての上記基準を満たすことは困難だということができます。この点は、管理会社に相談してみるとよいでしょう。

　本ケースのように連帯保証人として基準を満たすことが困難な場合、債務者としては保証会社を利用するという手段があります。

保証会社に保証を依頼する場合には、連帯保証人となる予定の者に代わって保証会社が保証を行う場合と、連帯保証人が高齢である場合など、上記連帯保証人の基準を満たすのがやや困難である場合に連帯保証人と併せて保証会社が債務を保証するという併用による場合があります。保証会社は専ら賃料債務の保証には長けていますが、それ以外の債務にはあまり関与しないので、債権者にとって連帯保証人との併用を選択するメリットがあります。

　保証会社を利用する場合は、初回保証料と更新料がかかります。初回保証料は、保証会社により金額が異なりますが、1か月分の家賃と共益費を基準に、その30％～70％程度で設定されているものがほとんどです。たとえば、1か月分の家賃5万円、共益費1万円の部屋を借りるときに初回保証料を50％と設定している保証会社を利用した場合、3万円を初回保証料として保証会社に支払う必要があります。更新料についても保証会社によって設定が異なります。1年ごとに1万円程度で設定している保証会社もありますが、中には毎月更新料が必要となる保証会社もありますので、契約時によく確認しておくようにしましょう。

　なお、保証会社はあくまでも滞納した家賃を立て替えて賃貸人に支払うサービスを提供する会社であるため、保証会社が立て替えた分は、後から賃借人に請求されることになりますので注意が必要です。

■ 保証会社の利用

賃貸人 ─ 賃貸借契約 ─ 賃借人
賃料の保証
連帯保証人 → 年金生活者・無資力である場合
保証会社 → 単独または連帯保証人とともに保証

家屋の賃貸借契約で、連帯保証人がいるのに保証会社をつけるのはなぜでしょうか。

連帯保証人の資質に不安がある場合等に保証会社の利用が条件とされます。

　賃借人の連帯保証人になるには、①親族であること、②賃借人が家賃を滞納した場合に家賃を肩代わりできるだけの安定した収入があること、③すぐに連絡が取れることが、一般的な基準とされています。そのため、連帯保証人が、親族ではなく友人や会社の上司であった場合や、親族であっても一定収入がない場合等は、賃貸人は家賃を確実に回収するため、連帯保証人に加え、保証会社の利用を条件とする場合があります。保証会社としても、連帯保証人がいれば、立て替えた家賃を回収しやすくなるというメリットがあります。保証会社は、賃借人が家賃を滞納した場合に、家賃を立て替えて賃貸人に支払いますが、後から立て替え分は賃借人から回収します。このとき賃借人が支払いに応じなくても、連帯保証人に請求し、立て替え分を回収できるというわけです。

　また、連帯保証人とは別に保証会社への加入を必須要件とする賃貸物件もあります。保証会社は、滞納家賃の支払いなどの家賃保証だけでなく、賃貸物件の明渡しや、原状回復費用まで保証します。そのため、賃借人が保証会社に加入していれば、賃貸人は、滞納家賃の取立てや物件の明け渡し訴訟などの煩雑な手続きに追われることなく、家賃や原状回復費用を確実に回収できるため、保証会社の加入を必須要件とする賃貸物件が増えています。

マイホームの購入の際に、夫名義で住宅ローンを組み、妻である私が連帯保証人になりました。離婚した場合に連帯保証人をやめることはできますか。

離婚をしたからといって、債権者の同意がない限り連帯保証人をやめることはできません。

　夫名義の住宅ローンを妻が連帯保証するケースは多くあります。この連帯保証は離婚したからといって免れることはできません。離婚した夫が住宅ローンの支払いを継続していれば問題はありませんが、支払いをやめてしまえば、連帯保証人であるあなたに請求されることになります。もし、連帯保証人が住宅ローンの支払いを継続できなければ、自宅は競売にかけられ、競売代金が住宅ローンに充当されます。それでもなお住宅ローン債務が残り支払不能の状態に陥っていれば、自己破産をしなければならなくなります。

　そのため、離婚時に妻は連帯保証人から外れる必要がありますが、それには債権者の承諾が必要です。ただ、住宅ローンは高額な債権であることから、債権者が無条件で承諾するとは思えません。この場合、あなたと同程度、あるいはそれ以上の資力のある人を新たな連帯保証人として立てる必要があります。

　その他に、自宅を任意売却（94ページ）して、売却金額で住宅ローンを返済する方法も考えられます。任意売却をすることで競売よりも高値で売却できる場合があります。不動産の価値よりも住宅ローンの残高が大きい場合（オーバーローンの場合）は、債務が残りますが、競売にかけるよりも残債務の額を少なくすることができます。

保証人になるのと抵当不動産を提供する物上保証人になるのとではどのような違いがあるのでしょうか。

物上保証人の責任は担保に提供した財産の範囲に限定されます。

　債務者が債務を履行しない場合に、債権を確実に回収する手段となるのが担保です。担保には保証人などの人的担保と抵当権などの物的担保があります。人的担保では、債務者が支払不能に陥れば、第三者に請求して債権の回収を図ります。第三者が履行しない場合は、第三者の財産を差し押さえ、競売により強制的に換価した上で、これを債務の返済にあてるというしくみです。

　これに対し、物的担保では、債務者もしくは第三者が所有する財産（主に不動産）に抵当権などの担保権を設定し、債務者が支払わなければ、担保権を実行して債権を優先的に回収することになります。抵当権の担保として提供される財産は債務者の所有である必要はなく、第三者の財産であっても構いません。第三者が他人の債務のために担保となる財産を提供することを「物上保証」といい、担保を提供する人を「物上保証人」といいます。

　たとえば、債務者Aが、Bから事業資金3000万円の融資を受けるため、Aの父親Cが所有する時価2000万円の不動産（乙土地）に抵当権を設定したとすると、父親Cが物上保証人にあたります（次ページ図）。Aが返済を怠れば、抵当権が実行され、Cの不動産は競売にかけられます。つまり、物上保証では、担保に提供した第三者の財産が、他人の債務の弁済に利用されるわけです。た

だし、物上保証人は担保に提供した財産以外の財産から回収されることはありません。下図の例でも、不動産が競売されれば物上保証人であるCの責任は消滅するので、その後に残された1000万円の返済についてCは何ら責任を負うことはありません。

これに対して、保証人は保証債務という債務を負っていることから、主たる債務が消滅しない限り、すべての財産でもって弁済する義務を負います。前述のケースで、Cが保証人であった場合には、不動産の競売により返済した2000万円に加えて、残り1000万円についても支払義務を負います。つまり、物上保証人の責任は、担保に提供した特定財産のみにとどまる有限責任であるのに対し、保証人の責任は、自らが所有するすべての財産におよぶ無限責任である点が大きな違いです。なお、物上保証人も保証人と同様、自らの財産をもって債務を弁済した場合は、債務者に対し求償権を獲得します。ただし、物上保証人には、委託を受けた保証人のようにあらかじめ求償権を行使すること（事前求償権）までは認められていません。

■ 物上保証とは

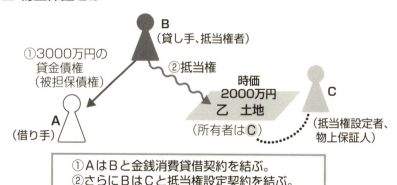

Question 26 債務者の委託を受けて連帯保証人を引き受けて、実際に債務を支払った場合、債務者に対して支払った金額の返還を求めることができますか。

事前通知・事後通知を怠らなければ、支払った金額の返還を求めることができます。

　連帯保証人が債務者に代わり債務を弁済した場合、弁済した金額の返還を債務者に請求することができます。これを求償権といいます。本ケースのように委託を受けた保証人が、自己の財産をもって債務を消滅させた場合、平成29年の民法改正では「支出した財産の額」の求償が可能と明記されました。つまり、①弁済した金額に加えて、②弁済した日から債務者が支払うまでの法定利息（民法改正施行時に年３％となります）、③弁済のために避けられなかった費用や損害について、求償権の行使が可能です。

　ただし、以下の事由がある場合は、求償権の行使が制限されることがあります。まず、保証人（委託を受けた保証人に限る）が弁済する前に、債務者にその旨を通知する必要があります（事前通知義務）。事前通知義務を怠り弁済をした保証人は、債務者が相殺などによって実際には債務を免れる部分について、債務者に対して求償権を行使できなくなります。

　次に、保証人（委託を受けた保証人に限定されません）が弁済した場合にも、債務者に対して支払いが終わった旨を通知する義務があります（事後通知義務）。これは債務者による二重弁済を防止するためのものです。保証人が事後通知義務を怠り債務者が二重に弁済した場合、保証人は求償権を行使できなくなります。

保証人が債務の一部弁済を行った場合、求償関係はどのようになるのでしょうか。

債権者の権利を害しない範囲で求償できます。

　たとえば、AのBに対する100万円の借金をCが保証したというケースで、CがBに対して50万円を弁済すると、保証人が債権の一部弁済をしたといえます。この場合、保証人は弁済した価額に応じて、債権者とともにその権利を行使することが可能となります。具体的には、CはAに対して弁済した50万円を返せと請求することができるだけでなく、求償権を行使できる範囲内で債権者Aが有する抵当権を行使することができます。この制度を弁済による代位といい、弁済者の求償権を確保するために認められたものです。もっとも、弁済による代位によって、債権者が不利益を被ることまでは予定されていないことから、改正民法では、判例上認められてきた一部弁済者による単独での抵当権の行使を否定し、債権者の同意がある場合に限り一部弁済者による抵当権の単独行使が認められると規定しています。また、抵当権実行後の配当についても、債権者が弁済者に優先することが明文化されています。

　本ケースでも、保証人は債務者に対し、弁済した金額を返せと請求できますが、債務者が返済に応じない場合は、債権者の同意がない限り、抵当権を実行することはできません。抵当権が実行された場合であっても、債権者が配当を受けてなお残金がない限り、配当を受け取ることはできません。

28 複数の保証人がいる場合の求償関係について教えてください。

負担額に応じて求償することができます。

保証人が複数いる場合を「共同保証」といい、各保証人は債務額を保証人の数で按分した部分（負担部分）についてのみ保証する責任を負います。これを「分別の利益」といいます。たとえば100万円の貸金について2人の保証人がいる場合、各保証人は50万円を保証すれば足り、仮に債権者から100万円全額を支払えと請求された場合であっても、50万円を支払えばよいことになります。ただし、連帯保証の場合は分別の利益は認められず、各連帯保証人は債権者に対して全額弁済する義務があります。

●連帯保証の場合の求償関係はどうなるのか

AがBから700万円の融資を受ける際に、CとDが連帯保証人となった場合を考えてみましょう。Aが履行しないことからBはCに対し700万円の支払いを請求し、Cは全額を弁済しました。この場合、Cは誰にいくら求償することができるのでしょうか。

まず、連帯保証人であるCには分別の利益がないので、債権者に全額の返済を請求されれば、これを支払う義務があります。

ただし、保証人には最終的な負担額がない（あくまでも主たる債務者が全額を弁済すべきである）ことから、連帯保証人の一人が弁済した場合は、主たる債務者に全額を返せと求償することができます。一方、他の連帯保証人に対しては、自己の負担部分を

超えて支払った場合に、その負担部分を超える額について求償できるとされています。そして、連帯保証人間の負担部分は、特約がない限り平等と考えられています。したがって、CはAに対し700万円全額を求償できるとともに、Dに対し350万円を求償できます。このとき、DがCに350万円を支払えば、DはAに対し肩代わりした350万円を返せと求償することができます。

では、CがBに弁済した額が350万円であった場合はどうでしょうか。CはAに350万円を求償できますが、Dに対しては一円も求償することはできません。連帯保証の場合、他の連帯保証人に対し求償ができるのは「負担部分を超えたとき」に限定されているからです。上記のケースでは、Cの負担部分は350万円であるため、CのBに対する弁済額が350万円を超えない限り、他の連帯保証人であるDに求償はできません。このように、連帯保証では連帯保証人の一人が自己の負担部分を超えて弁済した場合に限り、他の連帯保証人に対して、負担部分を超えた額についての求償ができます。

● 保証人と物上保証人がいる場合

一つの債権について保証人と物上保証人（不動産を担保に提供している者）がいる場合、保証人間の求償関係はどうなるでしょ

■ 求償関係

債権者B ──金銭消費貸借契約（700万円）── 債務者A

連帯保証人D（負担部分）350万円　②350万円求償可能

①350万円弁済　③求償できない

連帯保証人C（負担部分）350万円

「負担部分を超えたとき」に限り求償可能
⇒ 350万円の弁済はCの負担部分の範囲内

うか。たとえば、300万円の金銭債権につき、保証人A、物上保証人B・C（それぞれの担保不動産の額は150万円と50万円）がいるときに、Aが300万円を弁済した場合を考えてみましょう。

まず、保証人と物上保証人の頭数で、それぞれ保証人が負担する総額と物上保証人が負担する総額を算出します。保証人・物上保証人の総数が3名であることから、保証人Aが負担する金額は300万円÷3人=100万円となり、物上保証人BCが負担する総額は200万円となります。そのため、Aは自己の負担額100万円を控除した200万円についてBCに求償でき、その求償権を確保するため、債権者に代位して、BC所有の不動産に設定された抵当権を実行することができます。

次に、物上保証人であるB・Cがそれぞれ負担する額を算出します。BCの負担する200万円は、それぞれの不動産の価格の割合に応じて割り振られますので、Bについては150万円、Cについては50万円、の範囲でAは債権者に代位します。

したがって、AはBに対し150万円を、Cに対しては50万円を求償することができ、求償権の範囲内でそれぞれの抵当権を実行することができます（法定代位なので債権者の承諾は不要です、202ページ）。

■ **保証人と物上保証人がいる場合**

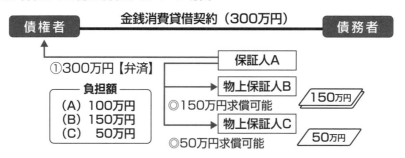

友人の銀行に対する200万円の借金について依頼を受けて連帯保証人になり、返済しない友人の代わりに支払いました。求償は可能でしょうか。

委託を受けた保証人なので、原則として支払った額および利息の求償が可能です。

　連帯保証人が債務者に代わり債務を弁済した場合、弁済した金額の返還を債務者に対して請求することができます（求償権）。求償権の範囲は、委託を受けた保証人の場合には、①弁済した金額に加えて、②弁済した日から債務者が支払うまでの法定利息（民法改正施行時に年３％となります）、③弁済のために回避することのできなかった費用および損害とされています。

　本ケースでは、①保証人が銀行に支払った200万円だけでなく、②銀行への支払日から友人に完済してもらう日までの法定利息、③銀行への返済のために店舗に出向いた際の交通費なども合わせて請求することができます。

　ただし、以下の事由がある場合は、求償権の行使が制限されることがあります。まず、保証人が弁済する場合、債権者から請求を受けたことを事前に債務者に通知する必要があります。債務者が債権者に対して支払いを拒否できる事由を持っている場合があるためです。そして、事前通知（弁済前の通知）を怠った委託を受けた保証人は、債務者が債務を免れることができる部分について求償権を行使できません。次に、保証人が事後通知（弁済後の通知）を怠ったことで債務者が二重に弁済した場合は、保証人は求償権を行使できません（132ページ）。

 **主たる債務者が破産手続開始の決定を受けました。この場合、連帯保証人の私は、債権者に保証債務の消滅を主張することはできますか。**

 主たる債務者が破産しても保証人の債務は消滅しません。

　主たる債務者は破産（主に自己破産）により免責を受けると支払義務を免れますが、保証人は主たる債務者が破産しても、保証債務を免れることはできません。また、保証人が主たる債務者の借金を返済しても、主たる債務者が破産により免責を受けた場合は、求償権を行使することができません。

　つまり、主たる債務者が破産してしまうと、保証人が主たる債務者に代わって債務を返済する義務が生じ、たとえ全額返済したとしても、主たる債務者に求償することもできなくなるのです。保証人自身も返済が困難であれば、任意整理や破産など借金の整理をする必要があります。保証人を引き受けることは、このような大きなリスクを背負うことだと十分に理解することが必要です。

　なお、主たる債務者が破産する前に、保証人が主たる債務を弁済した場合は、求償権の範囲内で破産債権者として権利を行使することができます。たとえば、主たる債務者Aが債権者Bから200万円の借入れがあり、保証人であるCがBに対し50万円を弁済した場合は、債権者Bが150万円、保証人Cが50万円の破産債権を有し、配当があればそれを受け取ることができます。ただ、主たる債務者が多重債務に陥っている場合は、配当されないか、配当されて低額であることが予想されます。

第5章

違法な取立て・過払い請求をめぐるトラブル

 消費者金融への返済が遅れたところ暴力的な取立てをしてきました。対抗手段はないものでしょうか。

 早急に専門家に相談することが大切です。

貸金業を営む者は、債権の取立てにあたり、人を威迫（言葉や動作で相手に不安を与えること）し、または規制されている言動その他の人の私生活もしくは業務の平穏を害するような言動をしてはいけません（貸金業法21条1項）。

また、これらの行為は、悪質な取立てを取り締まるものであるため、貸金業者だけでなく、無登録業者、貸金業を営む者などから取立ての委託を受けた者も規制の対象になります。

●禁止される具体的な行為

貸金業の業務運営に関する自主規制基本規則では、以下の行為について「威迫」および「その他の人の私生活もしくは業務の平穏を害するような言動」に該当する恐れがあるとしています。

① 大声や乱暴な言葉

大声をあげたり、乱暴な言葉を使うなど暴力的な態度をとること

② 訪問の人数

多人数で訪問すること（3名以上）

③ 取立ての時期

親族の冠婚葬祭時、罹災時、債務者等の入院時、年末年始など不適当な時期に取立行為を行うこと

④ 電話による取立て

電話を1日に4回以上かけるなど反復継続した取立行為を行うこと

⑤ 債務者以外の者への請求

親族または第三者に対し、支払いの要求をすること

●具体的な対応

以上の悪質な取立て行為に遭遇したら、日本貸金業協会や弁護士、司法書士に相談しましょう。事実が明確になれは金融庁による業務停止などの処分が下されることもあります。また、貸金業法違反あるいは脅迫罪などで刑事告訴することも検討しましょう。

■ 貸金業法21条により規制されている言動

- 正当な理由なく、午後9時から午前8時までの間に債務者などに電話やファックスをし、または債務者の居宅を訪問すること（1号）
- 債務者などが、弁済や連絡をする時期を申し出たにもかかわらず、正当な理由なく、午後9時から午前8時以外の時間に、債務者などに電話やファックスをし、または債務者の居宅を訪問すること（2号）
- 正当な理由がないにもかかわらず、債務者などの勤務先や居宅以外の場所に、電話、電報、ファックスをし、または、債務者の勤務先や居宅以外の場所を訪問すること（3号）
- 債務者などの居宅や勤務先などを訪問し、債務者から退去してくれといわれたにもかかわらず、退去しないこと（4号）
- はり紙、立ち看板などどのような方法を用いるかに関係なく、債務者が借入れをしていることや債務者の私生活を周囲に広めること（5号）
- 債務者などに、債務者以外の者から金銭の借入れなどをし、弁済資金を調達することを要求すること（6号）
- 債務者以外の者に、債務者などに代わって弁済することを要求すること（7号）
- 債務者以外の者が、債務者の居所や連絡先を知らせるなどの取立て行為への協力を拒否しているにもかかわらず、さらに取立てに協力することを要求すること（8号）
- 債務者などが、貸付けの契約による債務の処理を、弁護士や司法書士などに委託したときや、裁判所による手続をとった場合で、弁護士などや裁判所から、通知があったにもかかわらず、正当な理由なく、債務者などに電話や電報、ファックス、訪問などをし債務を弁済することを要求し、弁済を要求された債務者が、直接要求しないように求めたにもかかわらず、さらに要求したとき（9号）
- 債務者などに、上記の行為をすると告げること（たとえば、勤務先に取立てに行く、あるいは周囲にばらすなどと債務者に告げること）（10号）

カードで買った商品を貸金業者が約束の値段で買ってくれませんでした。どうしたらよいでしょうか。

買った商品の支払義務を免れることはできません。

　たとえば、金融業者に金銭の借入れを申し込んでみても、他に複数の金融業者等から借入れを行っていると、業者が多重債務者であることを理由に、借入れに応じないことがあります。この場合に、貸金業者が、債務者が持っているクレジットカードを利用して「ブランド品等を購入してきてくれれば、それを購入額の95％で買い取る」などと話を持ちかけるケースがあります。
　その業者は、「買取屋」です。クレジットで商品券やブランド品、新幹線のチケットやパソコンなどを購入させて、それを二束三文で買い取り、転売する業者です。もっとも買取屋の中には、はじめのうちは、言っていた通りの金額を支払って、債務者を信用させた後に、徐々に購入させる商品等の金額を吊り上げて、これを債務者から極端に安価で買い取るという悪質な業者もいます。さらに、世の中にはクレジットカードのショッピング枠が現金化できることを知っている消費者もいます。こうした人を相手とする業者は、たいした価値のない商品を高額で買い取ることを標榜しているようなケースもあります。
　買取屋を利用すると、債務者のもとには一時的にはお金が手元に入ります。しかし、結局は後からその買取屋から得た以上の金額の請求をカード会社から受け、負債は膨らみます。

債務者としては、買取屋により騙されたとして、自分が購入した商品等と買取屋から受け取った金銭の差額について、買取屋に支払いを求めることも、不可能ではありません。

　ただし注意しなければならないことがあります。クレジット契約で購入した商品等を、分割支払いを終える前に他に転売等する目的で商品を購入することは、「取り込み詐欺」といって、刑法上の詐欺罪にあたります。買取屋の行為は取り込み詐欺に該当します。しかし、債務者はそもそも金銭調達が目的で、支払能力がないのにもかかわらず商品等を購入しており、購入代金を一時的にせよカード会社に立て替えさせているため、カード会社との関係では、債務者が詐欺罪に問われるおそれがあります。カード会社が商品代金の請求を行い、請求に応じなかった場合、債務者はカード会社に対して詐欺を行ったとして賠償責任を負います。

　また、後日自己破産を申し立てても、取り込み詐欺を理由に、債務を免責してもらえない可能性があります。そこで、まずはカード会社への支払義務を果たすべきです。買取屋に対して差額の請求等を行うには、クレジット会社に支払った後に弁護士や警察などの相談機関に被害を相談するとよいでしょう。

■ 買取屋が儲けるしくみ

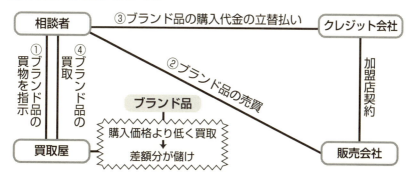

多重債務解消のために紹介屋を利用したら債務が増えてしまいました。どうしたらよいでしょうか。

登録をぜずに行う金銭貸借の媒介は出資法違反です。まず警察に相談してみましょう。

　ネット広告などを通じて「審査なし、即日融資、ブラックOK」などの甘言で申込者を集い、「うちではそれだけの金額を融資できないので貸してくれる業者を紹介する」と言って、さらに多額の借金をさせるのが「紹介屋」と呼ばれる違法業者です。紹介屋を介して融資が受けられた場合は、融資額の3～5割を紹介料として請求してきます。また手続きを途中でやめようとすれば、手数料として高額な金銭を要求してくるケースもあります。

　さらに紹介屋の中には、多重債務者に債務整理を勧めて、弁護士を紹介する、「整理屋」もいるので注意が必要です。整理屋は手数料や債権者への返済金という名目で依頼者からお金を振り込ませて、これをだまし取っているのです。

　金銭貸借の媒介（紹介）については出資法に規定があり、紹介屋のような金銭貸借の媒介業を行うには登録が要求されます。また手数料の上限は、貸金額の100分の5までとされています。違反した場合には刑事罰に問われます。そして、違法な紹介屋などに支払う手数料は不法行為に基づく支払いですので、返還請求も可能です。しかし、相手の不法行為を証明する義務はこちら側にあるため、実際には困難です。出資法違反で、警察に相談してみることをお勧めします。

ヤミ金融業者から借金をしましたがどうすればよいでしょうか。

弁護士や認定司法書士と相談して債務整理をすべきです。

　ヤミ金の手口は多様化しています。たとえば、携帯電話だけでやり取りをする「090金融」、ダイレクトメール、ＦＡＸなどで勧誘を行い小切手や手形を担保に融資を行う「システム金融」、勝手に口座にお金を振り込み法外な利息と元金の返済を請求する「押し貸し」、融資の前提として携帯電話を送らせる「携帯電話買取詐欺（通称白ロム詐欺）」など複雑巧妙な手口を使うため、ヤミ金とは知らずに利用して被害にあうケースもあります。

　ヤミ金（ヤミ金融業者）は法律の金利制限に違反する超高金利で貸し付けを行う無登録の金融業者です。出資法に違反して、年利20％を超えて貸付けをした業者は、5年以下の懲役もしくは1000万円以下の罰金（併科あり）に処せられます。さらに、年利109.5％を超えて貸し付けをした業者は、10年以下の懲役もしくは3000万円以下の罰金（併科あり）に処せられます。このような犯罪行為を行っていることがヤミ金の弱点であり、警察に逮捕されたり・摘発されることで商売ができなくなることを恐れています。そのため、ヤミ金から脅迫まがいの取立てを受けた場合は、警察に被害届を出すことができます。

　ただし、被害届を出したからといって、すぐにヤミ金からの違法な取立てがストップするというわけではありません。090金融

のように携帯電話を連絡先とするヤミ金の多くは、事務所の所在を明らかにせず、複数の偽名を語り、被害者から買い取った携帯電話を使用して商売を行っていることから、実態がつかめず、検挙したくても検挙することが難しいというのが現状です。

　そこで、まずヤミ金からお金を借りた場合は、1人で解決しようとはせず、弁護士や認定司法書士などの専門家に相談するようにしてください。弁護士や認定司法書士には、ヤミ金など犯罪に利用されている銀行口座を凍結するよう金融機関へ要請する権限が認められています。ヤミ金の多くは、被害者から買い取った預金口座を利用して営業を行っているため、弁護士や認定司法書士が介入することにより、口座を凍結され、営業が行えなくなることを恐れています。そのため弁護士や司法書士が介入するとヤミ金の多くは手を引きます。この際、弁護士などがヤミ金の口座を把握している必要があることから、ヤミ金に振り込んだときの振込明細書は捨てずに保管しておき、専門家に整理を依頼するときに提出するようにしてください。凍結された口座にお金が残っていれば、返還されることもあります。

　もっとも、ヤミ金の中には弁護士などの専門家が介入しても、手を引かず、家族や職場などを巻き込んだ脅迫まがいの取立てを執拗に行う業者もいます。専門家の指示に従い、警察へ被害届を出すようにしましょう。警察にはヤミ金の使っている携帯電話の利用停止を要請する権限があることから、警察（生活安全課）に行かれたら、まず、被害状況を伝え（ヤミ金からの電話を録音しておくなど証拠を残しておくようにします）、ヤミ金への警告電話と、ヤミ金の使っている携帯電話の利用を停止してもらう要請するようにしましょう。それでもなお、ヤミ金からの嫌がらせが収まらないようであれば、警察に対し刑事告訴状を提出することも検討しましょう。

金融業者が勝手に口座に金を振り込み返済を要求してきました。どうしたらよいでしょうか。

返済義務はないが不安なら専門家に相談してみましょう。

　口座に勝手に現金を振り込み、後に多額の利子の返還を迫る方法を押し貸し（押し付け融資）といいます。押し貸しは、主にヤミ金と呼ばれる法外な利子をとる金融業者が客を求めて行うケースがほとんどです。金を振り込む相手は、口座番号を知っているヤミ金業者の利用者です。1社からでも借りてしまうと、そのヤミ金融グループ全体に、その人の銀行口座が知れ渡ってしまい、被害が深刻化してしまうという問題があります。また実際に振り込みを行う前に、「これから○○万円振込みます」と電話等により知らせてくる業者等もあります。この場合、以前にヤミ金業者と連絡を取り合った携帯電話等の契約や、その際に知らせた銀行口座等を解約することで、事前にトラブルを防ぐこともできます。
　最近では名簿業者などを通じて比較的容易に名簿を入手できることから、金融業者の中には、名簿業者から口座番号を入手し、一般人にも金を振り込んで法外な利子を要求する場合も増えています。

●金銭消費貸借と押し貸し
　金銭消費貸借の成立要件として、金を借りて、その金額を返すということを借り手側が貸し手に約束する（民法587条）ことが必要です。振り込みをされた側が金を借りる意思がない以上、消

第5章 ● 違法な取立て・過払い請求をめぐるトラブル　165

費貸借契約は成立しません。

　また、このような不当な融資は法律上は不法原因給付（民法708条）になります。不法原因給付とは、麻薬売買やとばく取引など違法な取引を行い、自ら進んで売買代金などを支払った者は、支払った代金などの返還を請求するができないことをいいます。

　そのため、不当な融資を行った金融業者が融資の返還請求をしてきたとしても、金融業者側に返還請求権が認められないものとされることも多いようです。

　つまり、返さなくてもよいこともあるのですが、そのような金銭を受け取ったままにしておきたくない場合には、弁護士や消費生活センターと相談の上、借りた50万円をそのまま返せば大丈夫です。利子をつける必要はもちろんありません。

　押し貸しは出資法や貸金業法に反する犯罪行為にあたるケースもあるため、慌てることなく専門家に相談するのがよいでしょう。

■ 押し貸しのしくみ

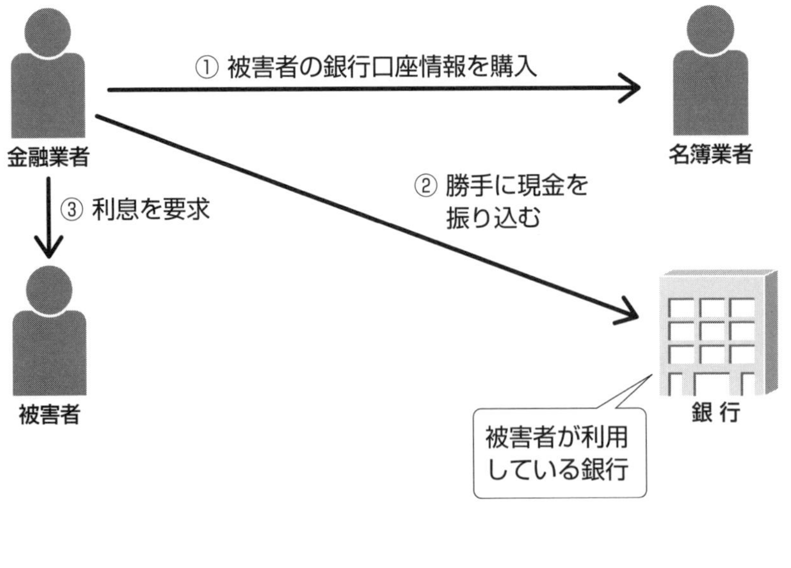

① 被害者の銀行口座情報を購入

金融業者　　　　　　　　　　　　名簿業者

② 勝手に現金を振り込む

③ 利息を要求

被害者　　　　　　　　　　　　　銀　行

被害者が利用している銀行

過払い金を返還請求することができる場合とはどんな場合でしょうか。

平成22年以前の貸付については過払い金が発生している可能性があります。

　過払い金とは、利息制限法などの法律に従い、正しい返済金額を計算し直したところ、返済し過ぎていたことが判明した金銭のことです。利息制限法の制限を超える利率に基づく利息は、法律上は無効ですから、借主は貸主に対して「払い過ぎになっている分を返してくれ」と請求できます。このような過払い金が発生する原因は、利息制限法と出資法の定める制限利率が一致していないという点にあります。平成22年6月施行の貸金業法改正により、出資法の上限利率が20％に引き下げられたことで、グレーゾーン金利はほぼ撤廃され、現在行われている貸付ではかつてのような過払い金は発生しないことになります。

　しかし、改正後も過去の取引で設定した金利が利息制限法の範囲内の金利に変更されるわけではありませんので、①平成22年6月以前（金融業者の多くは平成20年までに適法金利に引き下げ済み）の貸付けであり、②利息制限法に定められた利率を上回る金利で貸付けが行われたもので、③取引期間が5年以上あるものについては過払い金が発生している可能性があります。すでに完済されている取引についても、最後の支払日から10年が経過していなければ、過払い金の返還を請求できます。借主が法人名義であっても前述の要件を満たせば、返還請求をすることは可能です。

過払金の返還を自分で請求することはできるでしょうか。

可能ですが、正確な取引経過を開示させるのは難しいでしょう。

　金融業者に対し、必要以上に返済をしている場合、業者に自力で返還請求をすることは可能です。ただ、元金および法定金利内の利息に関しては返済の義務があるわけですから、やみくもに「返せ」と言うわけにはいきません。まずは本当に過払いがあるのか、あるならその金額がどれぐらいかといったことを調べる必要があります。過払金の計算をする際に必要な情報は、借入年月日、借入金額、返済年月日、返済金額です。過払金の計算をするには、すべての借入れ、すべての返済について、上記の情報が必要ですが、こうした情報を自分で把握している人はほとんどいないでしょう。

　そこで、過払金の計算をするために、金融業者に取引経過を開示するよう申し入れる必要があります。

　問題は、電話や普通郵便で取引経過の開示請求をしたものの、一向に開示されない場合です。このような場合に備えて、FAXで請求書を送って送信内容をプリントアウトしたり、内容証明郵便で請求するという対応が必要になるでしょう。また、業者が開示に同意して書類を返送してきても、それだけで安心してはいけません。業者によっては過払金返還を避けるため、一部の取引経過だけを開示したり、返済の記録を改ざんするなどの細工をして

いる可能性があるからです。業者から取引履歴の資料が送られてきたら、その内容をうのみにせず、まずは最初の取引期日や借入金額をチェックしてみましょう。もし、自分の記憶とずれがあったり、借入金額に端数がある場合には、「すべての情報が開示されていない可能性がある」と疑い十分に確認しましょう。

　過払金があることが判明したら、金融業者に対して過払金の返還請求書を送付します。ただ、ここまで手続を踏んでも、金融業者が利用者の要求どおりに過払金を返還してもらえることはまずないようです。このような場合には、裁判所に介入してもらうことを検討します。方法としては、調停と訴訟があります。この段階で弁護士や認定司法書士などに依頼することもできますが、着手金や報酬などが必要になります。

■ 過払金返還請求通知書（内容証明郵便）

前略

　先日貴社から送っていただいた取引履歴一覧表を利息制限法に定められた利率に従って元利計算した結果、金418,907円の過払い利息があることが判明しました。

　よって、上記合計金員418,905円を平成30年2月15日までに返金くださるようお願い申し上げます。

　上記指定期限までに返金が確認できない場合は、簡易裁判所に民事訴訟を提起することとし、その際には、上記金額に加えて返還日までの遅延利息や訴訟費用も合わせて請求させていただく旨の念のため申し添えます。

四菱さくら銀行霞ヶ関支店　普通預金
口座番号　0000000
口座名義　甲山昭男（コウヤマ アキオ）

平成30年2月8日

○○県○○市○○2丁目2番2号
甲山昭男

○○県○○市○○1丁目1番1号
代表取締役　○○○○
○○金融株式会社　殿

自分で金融業者に過払金返還請求をしましたが応じてもらえません。どうしたらよいのでしょうか。

最終的には訴訟を提起する必要があります。

　金融業者に過払金の返還請求を行っても、支払いに応じない業者は多いようです。このような場合や、過払金を減額することなく全額回収したい場合には、金融業者に対して訴訟を提起し、裁判を行うことを考えなければなりません。
　過払金返還請求に関する訴訟を「不当利得返還請求訴訟」といいます。
　不当利得返還請求訴訟は、自分の過払金が発生している金融業者を被告として提起します。その際、請求額には、業者が過払金を返還する日までの利息も含めて請求するようにします。
　訴状を作成し、裁判所に訴状が受理されると、第1回口頭弁論期日が定められます。その後、被告が答弁書を提出し、口頭弁論、判決の言い渡しという流れになります。答弁書に和解金額が提示されている場合があります。また、裁判官が和解を勧めてくることもあります。いずれの場合も、被告の提示する金額があまりにも低い場合などには無理をして和解する必要はありません。裁判所から勧められた場合は、和解金額を上げるよう裁判長から被告に勧告してもらったり、裁判の続行を希望した方がよいでしょう。
　自分だけで訴訟を起こすことに不安がある場合は、弁護士や認定司法書士などの専門家に依頼する方法も考えられます。という

のも、金融業者の中には、弁護士か認定司法書士を代理人として請求しなければ、任意での過払金返還に応じないところもあるからです。返還には応じたものの、実際に発生している過払金と比べて非常に低い割合でしか返還に応じないような場合も、すぐに訴えを提起した方がよいといえます。業者がこうした対応をすることが種々の情報によってあらかじめわかっているのであれば、いきなり訴えを提起するという方法もあります。

　なお、過払金の返還請求訴訟は、請求する金額によって訴訟を起こす裁判所が変わるので、注意が必要です。過払金の元金が140万円以下の場合は、簡易裁判所で、140万円を越える場合は、地方裁判所で裁判を行うことになります。

　地域に関する裁判所の管轄にも注意が必要です。不当利得返還請求訴訟の場合、被告である金融業者の本社所在地を管轄する裁判所、自分が取引していた金融業者の支店（営業所）所在地を管轄する裁判所、自分の住所地（義務履行地）を管轄する裁判所のどれかに提起することになります。一般的に訴状の提出のしやすさ、口頭弁論期日の出席のしやすさから考えれば、自分の住所地を管轄する裁判所に訴えを提起するのが最もよいといえるでしょう。

■ 過払金請求の流れ

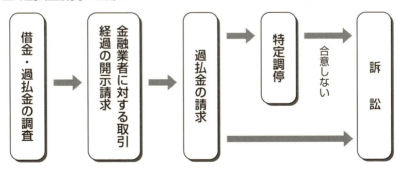

消費者金融業者から身に覚えのない借金の督促状が届きました。どうしたらよいのでしょうか。

返済義務はありません。警察に届け出るのもよいでしょう。

　最近、金融業者に限らず見知らぬ業者から、「契約が成立しましたから代金をお支払いください」などという督促状が届くことがあります。実際には借り入れていない人から、金銭を回収しようとする行為は一般に「架空請求」と呼ばれています。以前に金融業者から借入れを行ったことがある場合に、業者に提供した情報が出回ってしまったために、このような架空請求が行われる場合が少なくありません。また、特に、高齢者を狙っているものも多く、新手の悪質詐欺といえるでしょう。
　借金は法律的には「消費貸借契約」といって一種の契約です。契約は当事者が合意しない限り、成立しないのが原則です。ですから、身に覚えがないのであれば、何も不安になることはありません。ただ、可能性としては、家族の誰かがあなたの印鑑を使って、あなた名義で借金をしているケースもありえます。まず、家族の方々とよく相談してみてください。もし、そうだとしても、あなた自身が借金を返済する義務は、原則としてありません。借りた本人が返済義務を負うことになります。家族にも覚えがなければ、その督促状をもって警察に届け出ましょう。自分自身で請求者に確認しようとすると、不用意に相手に電話番号等の情報を教えることになってしまうため注意が必要です。

専門家に債務整理を依頼しようと思っています。広告などで派手に宣伝している事務所もありますが、問題のある事務所を見分けるにはどうしたらよいのでしょうか。

宣伝文句に惑わされず、実際に会って信頼できる事務所に依頼するようにしましょう。

　ネット広告は、消費者にとってサービスを選択する上での重要な情報であり、弁護士や司法書士にとっても依頼者獲得の重要なツールです。ただ、弁護士や司法書士が提供するサービスは公共性の強いものであることから、虚偽広告や依頼者をミスリードする広告が厳しく規制されるのは当然です。日本弁護士連合会や各司法書士会の会則や規則では広告に関する規制を設けて、事実に合致しない広告や、誘導または誤認のおそれのある広告、誇大広告などを禁止し、違反した者を懲戒の対象としています。

　近年では、2017年10月にアディーレ法律事務所が、受け手をミスリードさせる広告を繰り返したとして業務停止2か月の処分を受けています。アディーレはホームページ上で、期間を限定して着手金が無料となるキャンペーンを行っていましたが、実際は5年近くもキャンペーンを継続していたため、こうした宣伝が受け手に有利さを錯覚させる景品表示法違反（有利誤認）の広告にあたるとして行政処分を受けていました。これを理由に弁護士会が業務停止2か月という重い処分を下したとされていますが、背景には会則違反の問題もあったとされています。

●**注意が必要な広告や謳い文句に見られる傾向**

　アディーレだけでなく近時はネット上に、弁護士事務所や司法

書士事務所の広告が氾濫し、中には会則や規則に抵触する広告も散見されます。「絶対解決します」「顧客満足度ナンバー１」といった謳い文句は不安を抱える依頼者にとって魅力的なものであったとしても、事実誤認や客観的事実を証明できない広告として会則や規則に抵触するため、懲戒の対象となります。

　１日でも業務停止処分（懲戒）を受ければ、委任契約は解除されてしまいますので、別途違う事務所と契約をし直するなど依頼者に重い負担を強いることになります。依頼の途中で放り出される形になることから、依頼者を不安に陥れ、生活再建への道を閉ざしかねない危険性もあります。ネット広告の謳い文句に惑わされず、信頼できる事務所であるかを見極めることが大切です。

　また、検索サイトの検索結果画面の上位に表示される広告は、「リスティング広告」と呼ばれ、１クリックにつき何円かが課金され、成約時には何万円もの成功報酬をリスティング会社に支払うしくみであるため、広告費用が高騰化する傾向にあります。そのためリスティング広告を出している事務所では、費用が高めに設定されていたりします。リスティング広告を出していない事務所の費用と比較検討した上で、依頼を決めるようにしましょう。

　さらに、全国に拠点もないのに全国対応を謳う事務所は注意が必要です。弁護士や司法書士には、依頼者と直接面談する義務が課せられているため、電話やメールでのやりとりだけで委任契約が完了した場合は面談義務違反を問われる危険性があるからです。

　また、大量に債務整理を受任している事務所では、弁護士などの本職ではなく事務員に業務の大半を任せているケースもあります。これは非弁・非司行為に該当し、懲戒だけなく刑事罰の対象にもなります。依頼に際しては本職が責任をもって担当してもらえるのかを確認する必要があります。

第6章

任意整理・特定調停・個人民事再生をめぐる法律問題

債務の返済が困難になったために、債権者との間で特定調停を利用する場合にはどんなことに注意するべきでしょうか。任意整理とはどう違うのでしょうか。

同意する可能性を見極めることが重要です。

　特定調停のメリットは、格段に費用が安いということです。また、調停委員会が主導して手続を進めていくため、申立人に法律知識がなくても問題なく利用でき、申立書も簡単に作成できます。特定調停は、債権者を個別に相手とすることを前提とする手続きですから、少数の債権者を相手とする場合に向いており、反対に、債権者が多く、まとめて交渉したい場合には不向きな手続きです。もし債権者が他にも多数いる場合は他の方法を検討しましょう。また、相手が同意しない場合や出頭しない場合に、調停は成立しません。

　たとえば、債権者が提示する利息が高かった場合、利息制限法に反する利息を引き直してみる必要があります。支払った利息を元本に充当して債務がいくら残るかを算出するのです。計算の結果、元本がゼロになっているかもしれませんし、残りわずかな場合もあるでしょう。このような場合、返済のメドもたてやすいので、相手方も話し合いに応じてもらえる可能性が高くなります。

●任意整理と特定調停との違い

　任意整理が弁護士や司法書士を代理人として裁判外で交渉を進める私的な整理であるのに対し、特定調停は裁判所を利用した公的な整理方法といえます。両者とも債務者の負担を軽減し、話し

合いにより和解をめざす制度ですが、下記の点で違いがあります。
① 債務者の給料が差し押さえられるなど強制執行を受けている場合でも、特定調停の手続き中は強制執行を停止することができるが、任意整理では強制執行を停止することはできない。
② 過払いが発生している場合、任意整理では過払いの交渉も同時にすることができるが、特定調停では過払いの交渉をすることはできない。
③ 特定調停で和解成立後、債務者が返済を怠れば、すぐに強制執行されるのに対し、任意整理では訴訟を提起され、判決が確定しない限り、強制執行されることはない。

■ 特定調停の手続き

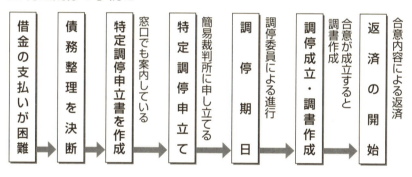

借金の支払いが困難 → 債務整理を決断 → 特定調停申立書を作成（窓口でも案内している） → 特定調停申立て（簡易裁判所に申し立てる） → 調停期日（調停委員による進行） → 調停成立・調書作成（合意が成立すると調書作成） → 返済の開始（合意内容による返済）

■ 任意整理手続き

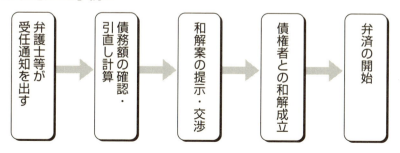

弁護士等が受任通知を出す → 債務額の確認・引直し計算 → 和解案の提示・交渉 → 債権者との和解成立 → 弁済の開始

 特定調停や任意整理で合意した返済ができなくなってしまいました。どうしたらよいでしょうか。

 返済できない状態が一時的なものかどうかで対応は異なります。

　特定調停において当事者が合意に達し、その内容を裁判所和解（合意）書記官が調書に記載すると、それは裁判での判決と同じ効力を持つことになります。つまり、特定調停で成立した合意に従った返済ができない場合、相手方は改めて訴訟を提起することなく、直ちに強制執行手続に進むことが可能になり、合意内容を実現できるという特徴があります。

　では、特定調停で和解（合意）が成立した後に、返済が困難となった場合はどうすればいいのでしょうか。

　まず、返済できない状態が一時的なものであれば、再度債権者と交渉して強制執行に移るのを待ってもらえるように依頼するのが一番よいでしょう。この場合、調停をした裁判所や調停委員は介入しません。他方、立ち直りのメドが立たない場合、債権者も交渉に応じてくれないと思われますので、自己破産の申立てなどの法的整理を開始すべきでしょう。

●任意整理で合意内容が守れない場合にはどうなるのか

　特定調停とは異なり、任意整理は、法律上は和解契約の一種なので、債務者が合意内容を守らなくても、債権者は直ちに強制執行手続きを採ることはできません。ただし、債務不履行として訴訟を起こされると債務者は敗訴します。なお、任意整理による

合意内容が強制執行認諾文言付きの公正証書になっている場合は、判決を得なくてもすぐに強制執行を受ける可能性があります。せっかく、債務の整理に成功して、今日まで頑張ってきたのですから、何とか乗り切りたいものです。

そこで、債務者がすべきことは弁護士や司法書士に連絡して、事態を報告することです。契約内容を守れない場合、善後策は2つあります。まず、不履行が今後も続きそうな場合には、破産手続や民事再生などの法的措置に移らざるを得ません。強制執行をされる前に、手続をするべきです。これに対して、不履行が一時的なものであったり、月々の返済額を減額してもらえれば返済が可能な場合には、まずは弁護士や司法書士に、債権者との交渉を依頼してみましょう。債権者に強制執行を控えてもらい、再和解に応じてもらうなど、最悪の事態を避けられる場合もあります。

■ 特定調停のしくみ

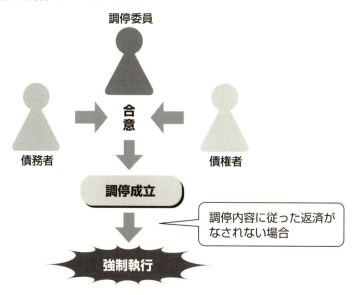

Question 3 個人民事再生とはどんな手続きなのでしょうか。通常の民事再生よりも債権者の関与は少ないのでしょうか。

債権者の積極的な同意は不要であることから、債権者の関与は少ないといえます。

　民事再生は、原則として、債務者である会社の経営陣が業務執行や財産管理を続けながら、会社の再建を図る手続きです。具体的には、債権の支払いを引き伸ばし、一部をカットすることを債権者に認めてもらいます。民事再生には個人民事再生（個人再生）と通常民事再生があります。通常民事再生は、一般的には負債を抱えながらも再建をめざす法人が対象となるのに対し、個人民事再生では、比較的負債額の少ない個人事業主や個人の債務者を対象とする手続きとされています。そのため、個人民事再生では、通常の民事再生よりも手続きが簡略化され、短時間で手続きが完了するというメリットがあります。また、通常の民事再生のように債権者の積極的な同意は不要とされていることから、債権者の関与は少なく、債務者主導で手続きを進めることができます。もっとも、個人民事再生でも選択する種類によっては、債権者の同意が必要となりますが、それも多数の反対がないことという消極的な同意で足りるとされています。

　個人民事再生は、①小規模個人再生、②給与所得者等再生、③住宅資金貸付債権（住宅ローン）に関する特則、という3つの柱によって成り立っています（次ページの図参照）。

　小規模個人再生と給与所得者等再生は、住宅ローンなどを除い

た無担保の借金が5000万円までの場合に利用できる手続きです。債務額が5000万円を超えていたり、将来において継続的かつ反復的な収入を得られる見込みがない場合には、この手続きは利用できません。どちらの手続きも、個人だけが利用できます。このうち小規模個人再生では、再生計画案に反対する債権者が多数いないこと（消極的同意）が必要となります。給与所得者等再生では債権者の同意すら必要ありません。

　住宅ローンに関する特則は、住宅ローンを抱えた債務者が返済に窮するようになった場合でも、住宅ローンについては従来どおり返済するか、返済スケジュールを組み直すなどしてローンの支払いを継続すれば、一度手に入れた住宅を失わずに再生できるという制度です。この手続きは、民事再生手続を申し立てた人であれば、すべての人が利用できます。また、住宅ローン以外には借金のない人でも利用できます。再生計画の中で住宅ローンの弁済方法を組み直し、再生手続きの認可要件を充たせばその後は変更された内容のローンを弁済することになります。

■ **個人民事再生のしくみ**

- **小規模個人再生**
  - 自営業者などで、継続・反復した収入のある債務者が対象
- **給与所得者等再生**
  - 会社員のように給与等に変動がなく、定期的な収入が見込める債務者が対象
- **住宅資金貸付債権（住宅ローン）に関する特則**
  - 民事再生手続きの際にこの特則を受ければ、住宅ローンを抱えた人が自宅を失わずに再生できる可能性が高くなる

※住宅ローンに関する特則については、小規模個人再生または給与所得者等再生の再生計画案に住宅資金特別条項を定める形で利用する

 事業経営がうまくいかず、法的整理を検討しています。破産手続開始と個人民事再生のいずれの手続を選択すべきでしょうか。

 債務の支払いが困難になっている度合いにより異なります。

　個人民事再生（個人再生）手続においては、債務者に破産手続開始の原因となる事実の生ずるおそれがあるときに、債務者は裁判所に対して、再生手続開始の申立てができます。

　破産手続開始の原因になるのが、「支払不能」と呼ばれている状態です。支払不能とは、債務者が支払能力を欠いているために、自らの債務のうち弁済期が到来している債務について、「一般的かつ継続的に弁済をすることができない」という客観的な状態をさすと破産法に規定されています。たとえば、手形取引において不渡りを6か月以内に二度出してしまい、銀行取引停止処分を受けた場合などが挙げられます。

　そして、個人民事再生手続では、「支払不能のおそれ」があることが手続開始のポイントになります。つまり、早い段階で再生手続に入ることにより、破産から免れることができます。結局、破産しないで民事再生手続きを利用できるか否かは、支払不能になっているかどうか、にかかっているということになります。

　たとえば、債務総額が、月々の収入の中で返済に回すことができる金額の36倍（3年分）を上回ったときは、赤信号状態です。任意整理や特定調停による債務整理よりも、自己破産か個人民事再生といった法的整理に移行した方がよいでしょう。

いずれを選択すべきかですが、その判断において考慮すべき要素として、まず免責が挙げられます。つまり、破産手続の過程で免責が決定されると、債務者は債務を返済すべき義務から解放されます。しかし、個人民事再生では、返済額が圧縮されるとはいえ、債務を返済すべき義務は残ります。

　次に、優先担保権の実行に関して考慮する必要があります。債務を担保するために、自宅や会社建物などに抵当権などを設定している場合、破産手続が始まっても、抵当権者については優先的に弁済されます。そのため、いずれにしても自宅などを失うことになります。しかし、個人民事再生では、自宅を失わずにすむ可能性があります（住宅ローンに関する特則）。さらに、資格制限に関しても、弁護士や公認会計士など、破産すると一定の仕事に就くことが制限されますが、個人民事再生では資格制限はありませんので、この点も重要な判断基準になります。

■ 支払不能の判断基準

□ 債務総額が月々の収入の20倍を超える
□ 3年程度で返済するのが不可能
□ 返済するには新たに高金利の債務を負担しなければならない
□ 全財産を売却し返済に充てても返済できない
□ 債権者との交渉で返済方法を緩和してもらっても返済できない

支払不能かどうかを
判定するのは裁判所

支払不能

ただし支払不能になるかどうかはケース・バイ・ケースで判定される

会社員です。自宅を失わずに債務整理をしたいのですが、どのような方法がありますか。

まずは任意整理を検討し、それが難しい場合は住宅ローン特則を利用した個人民事再生手続きを検討することになります。

　債務整理の方法には大きく①任意整理、②個人民事再生、③自己破産という方法があります。自己破産を選択すれば、借金を支払う必要はなくなりますが、自宅を手放す必要があるため、今回のように自宅を失いたくないケースでは選択することができません。

　そこで、まずは任意整理を検討することになります。任意整理では利息制限法内で利息を引き直し計算した債務の総額を原則36回で割った金額が毎月の返済予定額となります。この返済予定額の支払いが可能であれば任意整理の手続きを進めることができますが、支払いが難しい場合は、民事再生法に基づく個人民事再生を検討することになります。

　個人民事再生には、「住宅資金貸付債権に関する特則」（住宅ローン特則）が設けられているので、住宅ローンの支払いを継続しながら、それ以外の借金を減額することができるという利点があります。本ケースでも住宅ローン特則を利用して個人民事再生手続きを行えば、自宅を失わずに借金を整理することができます。

　この個人民事再生には①小規模個人再生と②給与所得者等個人再生という2つの手続きがあります。両者は、債権者の同意の有無と、返済総額に違いがあります。小規模個人再生では、最低弁

済額が返済総額となるので、最低弁済額と可処分所得の2年以上のいずれか高い金額が返済総額となる給与所得者等個人再生に比べ、弁済額が少なくて済むというメリットがあります。ただし、債権者の頭数の半数以上または債権総額の過半数を有する債権者が異議を述べないこと（消極的同意）が要件とされているため、異議をとなえられた場合には、小規模個人再生を行うことができなくなります（給与所得者等個人再生では債権者の消極的同意は不要）。

　個人事業主は小規模個人再生しか選択できませんが、所得の安定している会社員の場合はどちらの手続きを選択してもよいとされています。そのため債権者の反対があらかじめ予想される場合以外は、小規模個人再生手続きを選択すれば、返済総額を抑えることができます。

　個人民事再生の手続きですが、利用に際しては住宅ローンを除く債務の総額が5000万円以下であること、将来、継続的に収入を得る見込みがあることなどの要件が設けられています。また、最低弁済額を36回（最長60回）で分割返済できることも必要となるため、本ケースでも債務総額が5000万円超であったり、月々の返済が難しい場合には、残念ながら自己破産するしかありません。

■ 最低弁済額

借金総額	弁済方法
100万円未満	その額
100万円以上～500万円未満	100万円
500万円以上～1500万円未満	その額の1/5
1500万円以上～3000万円未満	300万円
3000万円以上～5000万円以下	その額の1/10

個人民事再生は債務総額が5000万円以下でなければ利用できないと聞きましたが、すべての債務が対象になるのでしょうか。

住宅ローンや抵当権などで担保される債権は除外されます。

　よく個人民事再生（個人再生）を利用するための債務総額は5000万円以下、といいますが、実際の計算に含める債務は、以下のように少々複雑ですので注意してください。

　まず、住宅ローンがない場合や住宅ローンがあっても住宅ローンに関する特則の適用を受けることができない場合（あるいは自発的に住宅ローンに関する特則の適用を受けない場合）は、①自分が抱えている債務額の合計を算出します（利息制限法の利率を超えている債務については、引直し計算をします）。次に、②住宅ローンがあり「住宅ローンに関する特則」の適用を受ける場合は、①の算出額から住宅ローンの残額を除きます。さらに、③別除権（再生債務者の財産に対して抵当権などの担保権を設定している権利者が再生手続によることなく担保権を実行して債務を回収することができる権利のこと）の行使によって弁済が見込まれる分（たとえば不動産の時価）を②の算出額から除きます。そして、③の算出額から利息制限法を超えた利息があれば除きます。こうして最後に残った借金が、総額で5000万円以下であれば、個人民事再生が利用できます（次ページ図）。

　つまり、住宅ローンに関する特則の適用を受ける場合には、住宅ローンの残額については債務総額の5000万円には含めないで計

算することになります。たとえば債務が住宅ローンと消費者金融への借金以外にない場合、通常であれば債務総額は5000万円以下ですから、債務総額が理由で個人民事再生手続きが利用できないことはないでしょう。

　ただ、この計算方法はあくまでも簡略化したものです。実際には、債権の元本および再生手続開始決定の日の前日までの利息や遅延損害金も含まれます。そのため元本の額が5000万円ぎりぎりの場合は、開始決定時までに利息や遅延損害金が増えて5000万円を超えてしまい、再生計画の認可決定が得られないこともありますので、注意が必要です。

■ 債務額が5000万円以下かどうかの確認方法

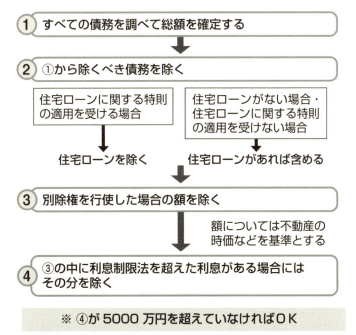

第6章 ● 任意整理・特定調停・個人民事再生をめぐる法律問題　187

 **小規模個人再生手続きを利用しようと考えている場合に、再生計画が認可されない場合もあるのでしょうか。**

 債権者の決議で否決されたり不認可事由に該当すると認可されません。

　結論からお話ししますと、計画案が認可されない、ということはあり得ます。この場合には、再生手続は廃止となります。

　小規模個人再生という手続は、個人で商売をしている場合のように、継続的または反復的に収入を得る見込みがあって、債務総額が5,000万円を超えない個人が利用できる手続です。

　小規模個人再生では、3年間（特別な事情があれば5年間）で弁済するのが原則です。再生計画の認可決定には、債権者の書面による決議が必要になります（消極的同意、185ページ）。この決議で否決された場合、認可はされません。結果として、再生手続は廃止となります。再生手続が廃止となった場合、もう一度再生手続をしたい場合はすべて最初からやり直さなければなりません。

　再生計画案が債権者によって可決されると、裁判所は、再生計画案を認可するか、認可しないかの判断を行うことになります。裁判所が認可決定を出し、それが確定してはじめて再生計画は効力をもつことになります。再生計画の認可または不認可に対しては、債務者、債権者は即時抗告（裁判所の決定などに対する不服申立て）をすることができます。

　再生計画案が債権者によって可決された場合、裁判所は、原則として再生計画案の認可決定をしなければなりません。ただ、法

律で定められた不認可事由がある場合は不認可決定を出します。
　通常は、最低弁済額や清算価値保障に注意して再生計画案を提出したのであれば、手続中に、将来において継続的にまたは反復して収入を得られそうにないことが判明しない限り、認可決定が出される可能性は高いといえるでしょう。
　なお、給与所得者等再生の利用を検討している場合、債権者の消極的同意は不要ですが、小規模個人再生の場合と同様の不認可事由に加えて、下図のように固有の不認可事由が規定されています。
　したがって、債務者に不認可事由がある場合や、債権者の決議が否決された場合（小規模個人再生のみ）には、計画案は認可されずに手続は廃止となります。

■ 主な不許可事由

●小規模個人再生の場合
①再生手続きまたは再生計画が法律の規定に違反し、その不備を是正できないとき
②再生計画が遂行される見込みがないとき
③再生計画の決議が不正の方法によって成立するに至ったとき
④再生計画の決議が再生債権者の一般の利益に反するとき
⑤再生債務者が将来において継続的にまたは反復して収入を得る見込みがないとき
⑥債権調査を終えた後の無担保再生債権の総額が5,000万円を超えているとき
⑦再生計画に基づく弁済の総額が債権調査を行った後の無担保再生債権の総額に応じて定められた最低弁済額を下回っているとき
⑧住宅資金特別条項を定める意思がある旨を債権者一覧表に掲載したのに、再生計画中に住宅資金特別条項の定めがないとき

●給与所得者等再生の場合
①給与またはこれに類する定期的な収入を得る見込みがあり、その額の変動の幅が小さいと見込まれる場合にあたらないとき
②給与所得者等再生の申立てが、以下に定める日から7年以内であるとき
・以前に給与所得者等再生における再生計画が遂行された場合は、以前の再生計画認可決定の確定日
・ハード・シップ免責の決定が確定した場合は、その免責決定にかかわる再生計画認可決定の確定日
・破産法にもとづく免責決定が確定した場合はその免責決定の確定日
③再生計画における弁済の総額が、可処分所得に応じた最低弁済基準に達していないとき

再生計画の返済が半分になったところで、再生計画の実現が難しくなった場合は、どのようにすればよいでしょうか。

ハードシップ免責を受ける他、新たに計画を申し立てたり、変更を検討しましょう。

　再生計画で定められる債務の弁済期間は原則として3年、長くなると5年にも及ぶことになりますから、その間に、病気になったり、不意の事故や災害に襲われたり、はたまた失業したりなど、再生手続終結時には予想もしていなかった事態が生じて、再生計画の遂行が困難になる場合があり得ます。

　このような場合には、債務者としては、①再生計画の変更や、②ハードシップ免責を申し立てることができます。

　まず、①の再生計画の変更は、やむを得ない事由により、再生計画の遂行が難しくなった場合、債務者は、再生計画を自分に有利に、つまり実現可能なものに変更してもらうことです。この場合、すでに決まっている債務の減額はできませんが、債務の弁済期間の延長という形であれば、再生計画の変更が認められることがあります。

　したがって、本ケースの債務者が①を利用する場合には、すでに決まっている債務を減額することはできませんが、弁済期間の延長（最長2年）が認められる場合はあるでしょう。

　一方、②のハードシップ免責は、認められるための要件が非常に厳しいといえます。ハードシップ免責とは、債務者が、自らの責任とはいえない事情によって、再生計画の遂行が極めて困難に

なったような場合に、裁判所の決定によって、その後の責任を免れることができる制度をいいます。この免責が認められるための具体的な要件は以下の①〜④となっています。

① 債務者に責任のない事情によって、再生計画を遂行することが極めて困難になったこと
② 借金の返済（債務の弁済）が4分の3以上終わっていること
③ 免責の決定が、債権者の一般の利益に反するものではないこと
④ 再生計画の変更だけではまかなえないこと

ただ、本ケースの債務者は、再生計画の返済があと半分になったということですから、②の要件を満たしていません。したがって、現時点ではハードシップ免責を利用することはできません。

なお、新たに小規模個人再生を含む個人民事再生手続を申し立てることも可能です。再生計画を変更するだけではまかなえないほど収支状況が悪化している場合でも、要件を満たしていれば、新たに申し立てることは可能ですので検討してみてください。

■ ハード・シップ免責のしくみ

・債務者に責任のない事情によって、再生計画を遂行することが極めて困難
・借金の返済が4分の3以上終わっている
・免責の決定が、再生債権者一般の利益に反するものではない
・再生計画の変更だけではまかなえない

第6章 ● 任意整理・特定調停・個人民事再生をめぐる法律問題

会社での地位と生活を守りながら債務整理をしたいのですが、可能でしょうか。

給与所得者等再生を利用すれば会社での地位と生活を失わずに再生できます。

　あなたの借金（債務）総額が具体的にはわかりませんが、場合によっては自己破産ではなく、民事再生法が規定する個人民事再生の中の「給与所得者等再生」が利用できます。これは裁判所の監督下で再生計画を立てて、債務を軽減して債務者に返済させるという債務整理の方法です。主に会社員を対象としており、主に自営業者などを対象とする「小規模個人再生」と並ぶものです。

　適用の条件としては、まず、「小規模個人再生」の場合と同様に、将来において継続的に収入を得る見込みのある者で、債権の総額（担保権の設定されているものを除く）が5,000万円を超えないことが必要です。「給与所得者等再生」では、この条件に加えて、収入額の変動の幅が小さいと見込まれることも必要です。

　給与所得者等再生では、再生計画を立てて、減額された債務を原則として3年かけて返済します。この再生計画については、小規模個人再生では、債権者の消極的同意が必要でした（185ページ）。しかし、給与所得者等再生の債務は比較的少ないので、手続が簡略化され債権者の決議は省略されています。

　さらに、「住宅資金貸付債権に関する特則」（住宅ローンの特則）が設けられています。再生計画において住宅ローンは他の債権と分離して扱われ、住宅を失わないように返済計画を組むこと

ができますから、この制度の利用を検討してみてください。

■ 給与所得者等再生の対象

対象者	対象となるか否か
一般的な会社員	なる
継続的に勤務するアルバイト	なる
年金受給者	なる
就職が内定している失業者	なる
歩合比率の高い契約社員	ならない
専業主婦	ならない

■ 給与所得者等再生を利用した場合の最低限弁済する額

最低弁済基準額

- 借金総額が100万円未満のときは、その金額を返済する
- 借金総額が100万円以上500万円未満のときは、100万円を返済する
- 借金総額が500万円以上1,500万円未満のときは、その金額の5分の1を返済する
- 借金総額が1,500万円以上3,000万円未満のときは、300万円を返済する
- 借金総額が3,000万円を超え5,000万円以下のときは、その金額の10分の1を返済する
  例）借金総額900万円の会社員の場合は、900万円の5分の1である180万円が最低弁済基準額

可処分所得要件

- 税金や社会保険料などを控除した手取り年収から最低限度の生活を維持するのに必要な1年間の費用（最低生活費）を控除した額（可処分所得）の2年間分を原則3年（例外5年）で支払う

Question 10　給与所得者等再生を利用する場合に、計画弁済総額の基準になる可処分所得とはどのようなものなのでしょうか。

　政令で定められた地域ごとに、基準に従って算出します。

　給与所得者等再生は可処分所得の２年分以上（または最低弁済基準額あるいは清算価値以上）を、原則として３年（例外５年）で返済し、残りの借金は免除してもらう制度です。可処分所得の額がわからなければ免除額がわかりませんから、可処分所得がいくらなのかを知っておく必要があります。この可処分所得は、収入から税金・社会保険料・生活費などを引いた残り、つまり、借金の返済に回すことができる金額のことです（前ページ）。

　具体的には、税込み収入から税金や社会保険料などを引いた手取り収入から、地域の特性や家族構成などに応じた生活保護基準をベースとする１年分の費用（最低生活費）を計算した額が控除されます。

　また、可処分所得を算出するための「最低生活費」の額を定める政令では、全国の債務者の居住地域を大きく６区に分類した上で、それぞれの地区の特性や、債務者の年齢・家族構成などに応じて、個人別生活費、世帯別生活費、冬季特別生活費、住居費、勤労必要経費、を定めています。これらの費用の合計が「最低生活費」となり、前述した手取り年収から引き算します。個人別生活費は、人ひとりが生活するのに必要と思われる費用のことで、その人の年齢や居住している地域によって異なる金額が定められ

ています。年齢に応じて変化してきますが、幼児では低く、小・中・高校生や高齢者では、比較的高く設定されています。

世帯別生活費も地域や家族構成などで異なってきます。

冬季特別生活費は、冬の間の暖房費を考慮した費用で、寒冷地になると、当然この金額は大きくなります。なお、4人以上の家族の場合、東京23区では2万7000円ですが、北海道では20万円近くになる場合もあります。住居費は、住まいの維持費のことで、もっぱら各地域の賃料相場などを参考に決められています。勤労必要費は、居住地域と収入に応じて一律に定められています。

これらの金額の合計（最低生活費）を手取り年収から引き算すれば、可処分所得を計算することができます。この2年分以上を、原則3年で返済するわけですが、政令は物価の状況や生活保護基準の変更によって改正されていきますので、法務省のホームページ（http://www.moj.go.jp/）などで最新の数値を確認した方がよいでしょう。

なお、債務者の年収が大きく変動している場合は、必ずしも過去2年分の年収をベースにするとは限りません。年収が大幅に減った場合は減少した年収をベースとしますし、急激に増加した場合は増加した年収をベースに計算します。

■ 年収から控除される最低生活費

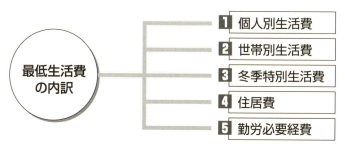

住宅ローンを延滞し、保証会社が代位弁済をしてしまうと自宅はどうなるのでしょうか。

代位弁済後6か月が経過してしまうと自宅を守ることはできなくなります。

　住宅ローンの借入れに際しては信用保証会社の保証を条件としている金融機関も多くあります。保証会社は借主が月々の返済額を返せないような場合に保証してくれますが、これは銀行に対して不払い分の保証をするだけで、借主の立場を守ってくれるわけではありません。

　住宅ローンの延滞が生じて、ある程度の期間が経過すると、保証会社が債務者に代わって、金融機関に返済してしまいます。これを代位弁済といいます。代位弁済がなされると、債権者は、銀行から保証会社に代わることになります。

　代位弁済をした保証会社は、債務者に対し、金融機関（債権者）に立て替えたローン残額を支払うよう請求する権利（求償権）を取得するため、債務者は保証会社に対してローン残額を支払う義務を負います。しかも、保証会社による代位弁済は、期限の利益喪失後になされるため、以後分割での支払いは認められず、ローン残額を一括で返済しなければなりません。一括返済ができない場合には、保証会社が抵当権を実行し、競売手続きを申し立てることになります。

　そこで、どうしても自宅を守りたい場合は、個人民事再生手続（個人再生手続）を検討することになります。

住宅ローンや他の債務の返済に苦しんでいる債務者には、個人民事再生の手続と並行して、住宅資金貸付債権（住宅ローン）に関する特則を利用することができます。

　住宅ローンに関する特則とは、月々の住宅ローンの支払いがままならなくなった債務者のために返済条件について変更を認める制度のことで、住宅ローンが自分の住宅の建設や購入に必要な資金であり、建物の床面積の2分の1以上が自分の居住用スペースであること、および住宅ローンを被担保債権とする抵当権のみが設定されており、分割払いの定めがあることなどの要件を満たせば、利用することができます。

　この住宅ローンに関する特則は、保証会社が代位弁済したあとであっても、代位弁済後6か月以内に個人民事再生の手続きを申し立てれば、利用が認められます（住宅ローンの巻き戻し）。

　なお、個人民事再生と住宅ローンに関する特則を併用する際は、再生計画案に住宅ローンの返済に関する住宅資金特別条項を盛り込んで、裁判所に提出します。再生計画が裁判所によって認可され、確定すれば、住宅ローンの債権者である銀行などの貸主の意思に関わりなく期限の利益が回復されたり、返済期間が延長されたりします。

■ 代位弁済のしくみ

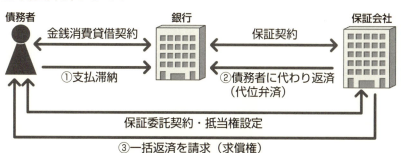

住宅資金特別条項を盛り込む場合にはどのような内容にしたらよいでしょうか。

返済できそうな場合には同意不要型やそのまま型にするとよいでしょう。

　住宅資金特別条項（住宅ローンに関する特則）は、住宅ローン債権者の同意を要しないもの（同意不要型）と同意を要するもの（同意型）があります。また、同意不要型には、①期限の利益回復型、②最終弁済期延長型、③元本猶予型の３つの類型があります。

　この他、法律に規定はないものの、実際にしばしば行われており、「同意不要型」に分類できるのが、「そのまま型」と呼ばれるパターンです。これは、住宅ローンについては通常どおりの弁済を続けるというものです。ただ、再生手続が開始すると再生債権の弁済が禁止され、住宅ローンについて期限の利益を喪失してしまい、「そのまま型」が使えなくなります。これを避けるために、住宅ローンについては契約どおり弁済することの許可を求めるため、個人民事再生手続開始の申立ての際に、「弁済許可の申立て」をすることになります。

　一方、「同意型」は、住宅ローン債権者の同意を得て、同意不要型や「そのまま型」以外の内容を自由に定めるものです。

　したがって、住宅ローン債権者の同意が得られるかどうか、心配な場合には、住宅資金特別条項を同意不要型や「そのまま型」にすればよいでしょう。もしすでに住宅ローンについて、期限の利益喪失状態に陥っている場合には、喪失した期限の利益を元の

状態に戻して、返済を続けていけるようにする①の期限の利益回復型という方法をとるとよいでしょう。この方法は、住宅ローンのうち、返済が滞っている元本や利息・遅延損害金を、再生計画で定める返済期間（原則３年、例外５年の再生期間）内に、分割して返済する方法です。そしてまだ弁済期が到来していない分は、当初の住宅ローンの約定通りに支払っていきます。したがって、再生期間中は、通常の住宅ローンの支払いと、それまでの不履行部分の支払いを合わせて行う必要があります。再生計画終了後は、通常の住宅ローンだけの支払いになります。

ただ、債務は再生手続の中で最低100万円まで圧縮が可能ですが（193ページ）、住宅ローンについてはそれができません。

■ そのまま型と期限の利益回復型

```
           銀行の同意を得られるかどうかが不安
                        ↓
┌──────────────────┐   ┌──────────────────┐
│    そのまま型      │   │   期限の利益回復型  │
│       ＝          │   │       ＝          │
│ 住宅ローンの返済を  │   │ 返済が滞っている   │
│ 通常どおりに続ける  │   │ 元本・利息・遅延損 │
│ 方法              │   │ 害金を再生期間内に │
│                  │   │ 分割して返済する方法│
└──────────────────┘   └──────────────────┘

┌──────────────────┐   ┌──────────────────┐
│  再生手続の開始    │   │   再生期間内      │
│  再生債権への弁済禁止│   │ 通常の住宅ローンの │
└──────────────────┘   │     支払い       │
         ↑ 防止策       │        ＋        │
┌──────────────────┐   │ 不履行部分の支払い │
│  「弁済許可の申立て」 │   └──────────────────┘
└──────────────────┘   ┌──────────────────┐
                      │   再生期間終了後   │
                      │  通常の住宅ローンの │
                      │     支払いのみ    │
                      └──────────────────┘

※ 住宅ローン以外の借金の額が大きい場合には難しい
```

 **どんな場合に保証会社の競売中止命令が出されるのでしょうか。**

 再生計画が認可される場合に競売手続中止命令が出されます。

　住宅ローンに関する特則を適用してもらいたいときには、再生計画の中に、「住宅資金特別条項」（住宅ローンの特則）を盛り込んでおきます。

　ただ、住宅ローンの抵当権が実行され、競売手続によって住宅が他人の手に渡ってしまったのでは、住宅ローンの特則を利用してマイホームを確保することができなくなってしまいます。そのため、裁判所は競売手続中止の命令を出すことができます。

　住宅資金特別条項を盛り込んだ再生計画が裁判所に認められる見込み（認可の見込み）があるときには、債務者の申立てによって、裁判所に、競売手続の中止を命令してもらえます。そして、住宅資金特別条項付の再生計画が認可され確定すると、保証会社が代位弁済をしていた場合であってもその代位弁済はなかったものとみなされます。

　したがって、住宅ローンの債権者は、保証会社から元の銀行などの金融機関に戻ります（住宅ローンの巻き戻し）。ただし、再生計画の申立ては保証会社による代位弁済がなされてから、6か月以内でなければなりません。競売手続中止の命令を出す前には、裁判所が競売申立人、つまり保証会社の意見を聞くことになります。意見聴取によって、とても再生の可能性がないと判断された

ときには、競売手続の中止命令も取り消される可能性がありますから、絶対に安心とはいえません。

さらに、再生計画が認可される見込みがある、と判断されるためには、不認可事由がないことが前提となります。不認可事由とは、次に掲げるものです。

① 再生手続や再生計画が違法なとき
② 再生計画の決議が債権者の一般の利益に反するとき
③ 再生計画が遂行可能であると認めることができないとき
④ 債務者が守ろうとしている住宅や宅地を使用する権利を失うこととなると見込まれるとき
⑤ 再生計画の決議が不正の方法によって成立したとき
⑥ 債務者が将来において継続的にまたは反復して収入を得る見込みがないとき
⑦ 無担保再生債権の総額が5000万円を超えているとき

以上の不認可事由が1つでもあれば、裁判所は再生計画について、不認可の決定をしなければならない、とされています。

したがって、こうした不認可事由がないことが「認可の見込みがある」場合だといえるでしょう。

■ 競売中止命令

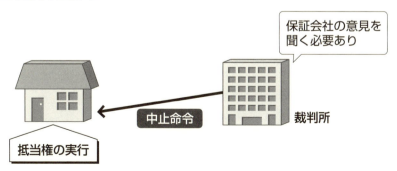

住宅ローン特則が利用できない場合とはどのような場合でしょうか。

住宅に他の債権の担保権を設定している場合や連帯保証人が法定代位した場合です。

　まず、住宅に住宅ローンを担保するための抵当権の他に、他の債権を担保するための担保権が存在する場合には、住宅ローンに関する特則（住宅資金特別条項）は利用できません。

　また、身内や知人が、連帯保証人として債務者に代わって住宅ローンを返済すると、金融機関等が有していた抵当権その他の権利を行使できるようになります（法定代位）。抵当権の行使など法定代位権の行使について金融機関等（債権者）の同意は不要です。また、連帯保証人が法定代位権を取得したときには、住宅ローンに関する特則は適用されません。さらに、住宅以外の不動産にも住宅ローンを担保するために抵当権を設定している場合、その不動産に後順位抵当権者がいれば、住宅ローン特則を利用することはできません。

■ 住宅ローン特則を利用できない場合

- 住宅の上に他の担保権が設定されているとき
- 住宅と併せて他の不動産に住宅ローンを担保する抵当権が設定されていて、その不動産に優先順位の低い担保権がついているとき
- 法定代位によって住宅ローン債権を取得した場合
- 保証会社による保証債務履行後6か月を経過した場合

月々の住宅ローンの返済額を軽減する方法にはどんなものがあるのでしょうか。

「最終弁済延長型」と「元本猶予型」があります。

　住宅資金特別条項（住宅ローンに関する特則）の同意不要型として、①期限の利益回復型、②最終弁済期延長型、③元本猶予型の３つの類型がありますが、このうち①の方法の場合、再生期間中には月々の支払額が増えてしまいます。

　では、②の最終弁済期延長型はどうでしょうか。この方法は、住宅ローンの返済期間を、当初の返済期間よりも最長で10年間延長するものです。再生計画前に、住宅ローンについて不履行部分があれば、それも同じく延長された返済期間の中で返済していくことになります。ただ、返済期間延長後の完済時の債務者の年齢が、70歳以下までという条件がついています。

　もし完済時の年齢との兼ね合いで、最終弁済期延長型を利用することができない場合には、③元本猶予型という方法を検討してみてください。この方法は、最終返済期間を延長してもらった上で、再生計画中（原則３年、最長５年）は、利息の返済の他に、元本部分の返済を一部猶予してもらうことができるというものです。住宅ローンに不履行部分があれば、その返済も猶予してもらえます。この方法だと、再生期間中の月々の返済額は、少なくできるはずです。ただ、再生計画が終了した後は、住宅ローンの返済は通常の形に戻ります。住宅ローンの不履行部分の返済も始ま

ります。毎月の住宅ローンの返済額はけっこうな金額になることも予想されます。

　なお、住宅ローン債権者である銀行と話し合うことで、元本や利息の一部カット、遅延損害金の免除、年齢が70歳を超える時点までの最終弁済期の延長などを認めてくれるかもしれません。銀行も、このような内容であればあなたの履行の可能性が高まり、最終的には有利であると考えて同意してもらえる可能性もあるので、交渉してみてもよいでしょう。

■ 住宅資金特別条項の種類と特徴

```
            銀行との交渉の可否
         ↓可能            ↓不可能
         同意型            同意不要型
```

同意型
※ 履行の可能性が高まると判断されると銀行も同意してくれる可能性もある

交渉内容例
・元本・利息の一部カット
・遅延損害金の免除
・年齢が70歳を超える時点までの最終弁済期の延長

同意不要型

①期限の利益回復型
ポイント
・期限の利益を回復する
・再生期間中に返済が滞っている元本・利息・遅延損害金＋通常のローンを支払う
・再生期間終了後は通常のローンを支払い続ける

②最終弁済期延長型
ポイント
・住宅ローンの返済期間を最長で10年間延長できる
・返済期間延長後の完済時の債務者の年齢は70歳以下までという制限がある

③元本猶予型
ポイント
・住宅ローンの返済期間の延長＋再生計画中は利息の返済の他に元本・不履行部分の返済の猶予
・再生期間終了後は通常のローンの支払い＋不履行部分の返済となる

第7章

自己破産をめぐる法律問題

自己破産の申立てをすれば、浪費やギャンブルなどの借金でも支払義務はなくなるのでしょうか。

破産の申立てをしただけでは支払義務はなくなりません。

　破産手続について、少し誤解があるようです。破産という手続きは、裁判所による破産手続開始決定によって開始されます。債務者の申立てを受けて、裁判所は「破産手続開始決定」をします。決定があると、債務者の支払不能状態が認められることにはなります。そして、債務者のプラスの財産とマイナスの負債をすべて整理することになります。

　ただし、破産手続開始決定を受ければ借金が帳消しになるかといえば、そうではありません。破産手続開始決定は、債務者に返済能力がないということを裁判所が認めただけのことで、破産手続の入り口をくぐったにすぎません。この段階ではまだ借金の支払義務は残っているのです。同時廃止をする場合であれば、破産手続自体が進められませんから、借金は全額残ります。借金から解放されるには、破産手続に続いて免責手続という別の手続きをとる必要があります。この手続きで免責が認められてはじめて借金はゼロになるのです。債務者が裁判所に対して「免責の申立て」をして、裁判所が「免責の決定」をすれば、債務者はそれ以後支払いをする必要がなくなります。免責の申立ては、最初の破産手続開始の申立てと同時にすることになります。

　結局、債務者が借金から本当に解放されるには、破産手続開始

決定に始まる破産手続と免責手続という2つの大きなステップを踏むことが必要です。

● **ギャンブルなどの借金と免責**

　破産法では、破産者がギャンブルや浪費によって著しく財産を減少させたり、過大な負債を抱えた場合は、免責不許可にあたるとされています。しかし、この規定を厳格に適用すると、免責によって経済的な立ち直りのチャンスを得られる破産者は、ほとんどいなくなってしまうでしょう。そこで、ギャンブルや浪費にあたるケースでも、免責不許可にするかどうかは、裁判所の裁量にゆだねられています。バーやクラブでの遊びや、パチンコなどの行為は「過大なる」債務を負担したことにはならないとして、免責を許可した例もあります。また、これらの行為が免責不許可事由に該当することを認めた上で、破産者の経済的な再出発を考慮して免責を許可したケースもあります。

■ **主な免責不許可事由**

①申立人が債権者の利益を直接害した場合
　破産者が財産を隠したり、その財産的価値を減少させたような場合や、返済不可能状態であるにもかかわらず、その状態でないかのように債権者を信用させて、さらに金銭を借り入れたような場合など

②手続きの円滑な進行を妨げたり、間接的に債権者の利益を害した場合、説明義務を尽くさなかったような場合
　ウソの事実を記載した債権者一覧表を裁判所に提出したり、財産状態を偽って陳述したような場合など

③特定の債権者に特別の利益を与えるために担保を提供したり、弁済期前に弁済した場合

④浪費・ギャンブルなどによって著しく財産を減少させ、または過大な債務を負担した場合

⑤免責の申立ての前7年以内に、免責を得ていた場合

⑥その他破産法で定める義務に違反したこと

※免責不許可事由があっても、裁判官の裁量により免責決定がなされる場合もあります

債務額が小さくても自己破産できるのでしょうか。

収入が見込めず病気を患っているような事情があればできることもあります。

　破産は、債務が多額に上ったために支払不能（182ページ）になってしまった債務者のやり直しを図る制度です。裁判所が介入して、プラスの財産とマイナスの債務をすべて計算して、財産があれば債権者に配当し、最終的には免責の決定によって債務者の支払義務を免除します。ただ、破産制度は最終的な手段です。裁判所が、債務者にまだ支払能力があると判断すれば、破産することはできません。

　問題は、どの程度の債務であれば、支払不能と判断されるかです。支払不能にあたるかどうかは一概に決めることはできません。その債務者の置かれている状況と、債務総額の関係で個別に判断されます。たとえば、債務額が多額でも、将来にわたって安定した高収入が見込めれば、支払不能にはなりません。逆に、債務額が少なくても、収入が見込めず、病気を患っている、扶養家族がいるなどの場合には、支払不能と判断される可能性が出てきます。成人男子であれば、債務総額が300万円を超えていると、支払不能と認められる可能性があります。ただ、債務額が100万円でも、生活保護受給者であれば自己破産が認められることもあるでしょう。また、近年増加傾向にある高齢者の自己破産であれば100万円以下でも認められるケースが増えています。

 **外国人は自己破産できるのでしょうか。**

 外国人であっても日本人と同様に自己破産をすることが可能です。

　外国人の自己破産について破産法は、「外国人又は外国法人は破産手続、免責手続復権の手続に関して、日本人又は日本法人と同一の地位を有する」と規定しています。かつては、本国において商人でなければ自己破産手続きをとることができないという規定が設けられているような場合（商人破産主義）には、日本において破産手続開始の決定が認められないとされてきました。しかし、経済の秩序を維持するために破産手続きは必要な制度であるため、破産手続きにおいて、外国人と日本人とを原則として、全く同一に扱う規定を置いているので（内外人平等主義）。
　この場合問題になるのが、債権者が外国にいる場合や、申立人の財産が外国にある場合の扱いです。まず、破産手続開始の決定にあたっては、債務者は債権者全員について届出をしますが、その債権者の中には外国の債権者も含まれます。つまり、外国の債権者も手続に参加して配当を受ける権利を得ることになるのです。また、外国に財産がある場合、日本で行われた破産の効力は外国にある債務者の財産にも及びます。外国にある不動産・動産・預貯金・売掛債権といった財産についても、競売などによって換価され、債権者に配当されることになるわけです。したがって、もれなく届出をすることが必要になります。

破産手続開始決定は破産者にどんな影響を与えるのでしょうか。

デメリットは思ったほど多くはありません。

　破産を裁判所に申し立てて、裁判所が破産手続開始決定をすることで、債権者からの取立てなどから解放されるメリットもありますが、様々な制約も受けます。以下、破産のメリットとデメリットを見ていきましょう。
① メリット
　裁判所が破産手続開始の決定をすれば、債権者は直接債務者に対して取立てができなくなります。ヤミ金は債権の届出すらできなくなります。そして、免責決定されると、債務者はそれまでの債務を支払う義務がなくなります。
② デメリット
　破産手続開始の決定後は、債務者は自分の財産といえども自由に処分することができなくなります。しかも、裁判所の許可なく住所を変更できず、郵便物も破産管財人を経由して届けられます。
　破産手続が終了し、免責決定が確定するまでは、弁護士・公認会計士といった一定の社会的責任のある地位には就けなくなります。会社の取締役については、破産手続開始の決定によって取締役の地位を失いますが、免責決定の有無を問わず、再度取締役として選任するかどうかは株主総会の判断に委ねられています。
　なお、制限やデメリットは、免責決定が確定して復権（破産者

に生じた資格などの制限をなくし、破産者の法的地位を復活させること）するまでの辛抱です。破産手続開始の決定は官報に記載されますが、戸籍に記録されて一生ついて回ることはありません。選挙権・被選挙権も一切制限されません。事実上のデメリットとして、最長10年ほど金融機関のブラックリストに載り、融資を受けることが難しくなることが挙げられます。

■ 破産手続開始の決定による資格制限

1　公法上の資格制限

●資格を喪失する主な職種

弁護士、公認会計士、税理士、弁理士、公証人、司法書士、社会保険労務士、不動産鑑定士、人事院人事官、検察審査員、土地家屋調査士、宅地建物取引業者、宅地建物取引士、公正取引委員会の委員長および委員、商品取引所会員・役員、証券外務員、生命保険募集員および損害保険代理店、警備業者および警備員、国家公安委員会委員、質屋、風俗営業者および風俗営業所の管理者、教育委員会委員、日本中央競馬会の役員

2　民法や会社法の資格制限

後見人、成年後見監督人、保佐人、遺言執行者になれない

合名会社・合資会社・合同会社の社員については退社事由

株式会社の取締役、監査役については退任事由（ただし株主総会で再度選任することは可能）

3　破産管財人がつく場合の自由の制限

＊財産の管理処分権を失う
＊勝手に転居したり旅行に行けない
＊郵便物は破産管財人に届けられ、開封されることもある
＊財産隠しやウソをつくと身柄を拘束される
＊破産管財人や債権者集会の請求により、破産までの経緯を説明しなければならない

夫が破産すると妻の財産はどうなるのでしょうか。破産後の家族の財産はどうなるのでしょうか。

妻固有の財産については破産の効力は及びません。

夫と妻の財産関係については、民法では基本的に「夫婦別産制」を採用しています。まとめると以下のようになります。
① 結婚前から所有している財産は、結婚した後でも、それぞれの固有の財産となります。
② 結婚中に、夫婦がそれぞれ自分の名義で得た財産は、固有の財産として扱われます。
③ 日常生活で使われている家財道具などの財産については、夫婦いずれの名義か不明確な場合には、共有財産と推定されます。

以上からすると、第一に、あなたの奥さんが結婚前から所有していた財産は、奥さん固有の財産なので、破産の効力は及びません。

第二に、結婚後に形成されて奥さんの名義になっている貯蓄についてはなかなか難しい問題があります。たとえ、妻名義の貯蓄や有価証券などがあっても、実際には夫が得た収入を相続・税金対策などの理由から、単に妻の名義としていることがよくあるからです。そのような場合、実体を重視して夫の財産として扱い、破産の効力を及ぼします。ただ、妻が専業主婦であっても、家事や育児の点で財産の形成に貢献しているのですから、その分はやはり妻固有の財産として扱う必要があります。専業主婦名義の貯蓄については、その財産形成に対して、妻がどの程度貢献したか

を見て、破産財団に組み込まれる割合が決定されることになります。また、連帯保証人になっていない限り、妻が夫の債務（借り入れ）を返済する必要はありません。仮に、あなたが奥さんの実印と印鑑証明を奥さんに無断で使って、奥さんを連帯保証人にしていたとしても、そのような契約は法律的には無効です。

●家族の財産はどうなるのか

破産者と家族の財産とは、基本的には関係ありません。通常、生活必需品を除いた財産は換価処分の対象になりますが、いったん値がつけられたとしても破産者以外の家族や親戚などの身内の名前で買い戻して、それを借りるという形で使い続けることはできます。しかし、財産を失いたくないからといって、親類や知人などに財産名義を移して財産を隠した上で破産手続開始決定を受けると、詐欺破産罪という犯罪になりますから注意が必要です。

■ 支払義務の有無が問題となる場合

本　人	原則として支払義務がある。ただ、債務が時効にかかっている場合には、支払義務はない
（連帯）保証人	原則として支払義務がある。ただ、債務が時効にかかっている場合には、支払義務はない
配偶者	原則として支払義務なし。ただ、保証や相続した場合（相続放棄は別）は支払義務あり
親・兄弟	原則として支払義務なし。ただ、保証や相続した場合（相続放棄は別）支払義務あり
子　供	原則として支払義務なし。ただ、保証や相続した場合（相続放棄は別）は支払義務あり。未成年者が親の同意を得ないでした借金は取り消せる

破産手続開始の申立てをした場合、勤めている会社にその事実を知られてしまうのでしょうか。また知られた場合に、会社を辞める必要はないのでしょうか。

会社や上司・同僚から借金をしている場合には隠せません。

　破産は非難されるような事件ではありませんが、社会的立場やプライバシーの点から、あまり知られたくないものです。

　しかし、破産手続開始が決定されると、そのことが官報に記載されます。官報に記載されるということは、建前上は世間一般がその事実を知ることを意味しています。しかし、実際のところ、通常の会社や民間人が官報の記事をすべてチェックしていることはまれです。ですから、官報への記載によって、会社に破産の事実を知られる可能性は非常に低いでしょう。

　もっとも、債権者が会社の給料を差し押さえたり、会社まで取立てに行くと、会社が破産の事実を知ることになります。しかし、破産法は、破産手続開始決定があると、それ以後の債権回収は破産手続きの中で行うことを念頭に置いているため、債権者が差押や強制執行を行うことは許されません。債権者が直接、債務者に取立てをする行為も禁止されています。

　そこで、会社に知られる可能性があるとすれば、会社や会社の上司・同僚から借金をしている場合です。債務者が破産手続開始の申立てを行うと、債権者にはその旨の通知が行われます。そして、債権者は異議申立てを行うことが認められています。会社の上司や同僚も、債権者である以上、裁判所から上記の通知が届き

ます。これを避けることはできません。

● **会社を辞めないといけないのか**

　法律上、破産手続が開始すれば、会社を辞めなければならないとの規定はありません。一般の会社員は労働力を提供できれば、雇用契約上の義務は果たせるからです。なお、会社によっては、就業規則で破産を解雇事由としているところもあるかもしれません。しかし、破産と労働力の提供は関係のないことなので、その規定は無効です。解雇は不当解雇になります。もっとも、自発的に会社を辞めて退職金等を手にした場合には、退職金は破産手続きの中で、債権者への返済に充てられる原資（破産財団）に含まれることになります。

　一方、一般の従業員とは異なり、取締役は会社との関係で受任者にあたりますから、破産するといったん民法上取締役の地位を失います（民法653条）。

　ただ、破産したからといって絶対に取締役になれないというわけではなく、解任後の株主総会により再度取締役に選任された場合には、取締役に就任することができます。

■ **破産手続開始決定の事実が知られる可能性**

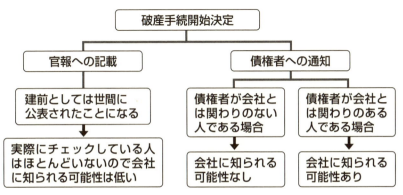

 破産すると生命保険や学資保険も解約する必要があるのでしょうか。解約返戻金などは差押の対象になるのでしょうか。

 解約返戻金が多いと管財の対象になります。

　債務者が破産すると、その所有財産は現金に換価されて、債権者に配当されます。換価される財産の代表例は、土地や建物といった不動産です。しかし、生命保険をはじめとする保険についても、処分の対象となる可能性はあります。

　保険を解約すると、ある程度の「解約返戻金」を受けることがあります。解約返戻金も財産であることに変わりはありません。ですから、管財人の手によって破産財団に組み入れられて、債権者に配当されることになります。ただ、あまりに解約返戻金が少額な場合や掛け捨て保険の場合には、破産財産への組入れの対象とはならずに（自由財産として扱われます）、そのまま解約しなくてもすむことがあります。

　なお、破産者が高齢であったり、持病を患っているなど特別なケースでは、管財人と交渉して保険を解約しなくてもすむことがあります。その場合、解約返戻金相当の金額を破産決定後に破産財団に支払っていくことになります。

　次に、学資保険ですが、名義人は子供になっていることが多いでしょう。だからといって子供の財産として扱われて、破産財団への組入れの対象とならないわけではありません。実際に、破産者である親が掛け金を支払っていた場合には、その保険は親の財

産として扱われることになっています。この場合も、解約返戻金が多ければ、破産財団に組み入れられます。

●解約返戻金などは差押の対象になるのか

破産者が個人年金保険や生命保険に加入していた場合、個人年金保険については、解約返戻金が他の保険と合計して20万円を超える場合、差押の対象になります。生命保険についても同様ですが、簡易生命保険については平成3年4月1日以後のものかどうかで扱いが変わります。平成3年3月31日以前に効力が生じている簡易生命保険については、基本契約にかかる満期保険金や還付金については差押の対象にはなりません。

■ 破産手続と保険の解約

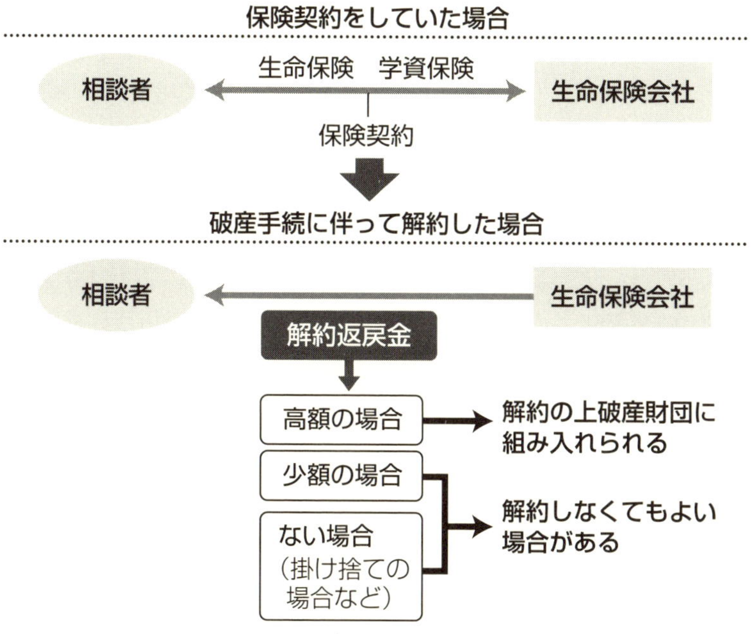

保険契約をしていた場合

相談者 ←生命保険 学資保険→ 生命保険会社
　　　　　　保険契約

破産手続に伴って解約した場合

相談者 ← 生命保険会社
　解約返戻金

- 高額の場合 → 解約の上破産財団に組み入れられる
- 少額の場合 → 解約しなくてもよい場合がある
- ない場合（掛け捨ての場合など） → 解約しなくてもよい場合がある

破産すると、賃借しているアパートから追い出されてしまうのでしょうか。また、連帯保証人が破産した場合には、どのように扱われるでしょうか。

破産したことのみを理由に追い出されることはありません。

　アパート等の賃貸借契約における借主が破産すると、貸主は借主から賃料を確保することが難しくなるケースがあります。そのため、貸主としては、契約を解除し、新たな借主を探した方が安心できます。

　しかし、破産した借主の今後の更生を考えると、解約されてしまうのは酷です。そのため、破産者に復活の機会を与える理由もあり、平成17年に破産法や民法が改正され、借主が破産したことだけを理由に、貸主は賃貸借契約を解除することはできません。

　一般的な賃貸借契約書では、破産を解除事由とする特約をつけていることはありますが、特約は当然に有効とまではいえません。このような特約は、破産者に復活の機会を与えようとした法律の趣旨に反するものですし、賃貸人の解除権を制限する借地借家法の趣旨に反し無効といえます。

　ただ、借主が賃料の支払いを怠った場合には、原則どおり、賃貸借契約を解除することができます。しかし、1、2回の滞納では解除ができず、貸主との信頼関係を破壊する程度の回数（3か月以上）滞納してはじめて解除ができることになります。

　借主が破産したことにより、賃料が支払われないのではないかという不安は生じるでしょうが、賃料の不払いが現実にならない限

りは、契約を解除することはできません。債務者が破産した場合の賃料については、破産手続開始後の賃料債権は債務者の財産で構成される破産財団から、破産手続きを経ずに弁済を受けられる債権（財団債権）とされるので、一応、破産手続開始前に生じた破産債権よりも先に弁済を受けることができます（破産法148条）。

借主が破産した場合、貸主からは契約の解約の申入れができませんが、破産管財人（破産をした借主の財産を管理する者）は解約の申入れをすることができるとされています。ただ、解約の申入れをするかどうかはあくまで破産管財人しだいです。

なお、本ケースで債務者自身ではなく連帯保証人が破産した場合、賃貸人は建物賃貸借契約を解除できるという旨の法律上の定めはありません。そこで、連帯保証人の破産が解除事由として特約されるケースがあるようです。

賃借人が連帯保証人を立てる義務を負う旨の特約自体は有効ですが、前述したように、賃借人の破産を解除事由とすることさえ容易に認められないことからすると、連帯保証人の破産を解除事由とする特約は、なおさら認められないといえるでしょう。しかし、連帯保証人がたびたび賃料を代わって支払っていた上に、連帯保証人の破産や賃料滞納などの事情が積み重ねられているのであれば、賃貸人と賃借人の信頼関係は破壊されているといえ、解除が認められることもあり得ます。

■ 賃借人の破産

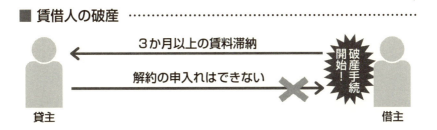

自己破産すると手元にお金を残せないのでしょうか。

99万円までの現金は自由財産として手元に残すことができますが、預貯金については各裁判所により残せる金額が異なります。

　たとえば次のようなケースで考えてみましょう。長年続けてきた事業に失敗したため、債務者が自己破産しようと考えている場合、不動産のような目ぼしい財産はありませんが、銀行や郵便局にいくつかの預金口座があったとします。特に、事業のメインバンクとなっていた都市銀行にはそこそこの預金があり、その一方で、子供の将来のために積み立ててきた子供名義の預金があったという場合に、破産手続きを行うと、これらの預金についてはどのように扱われるのでしょうか。

　まず、破産手続開始の申立てがあると、その後の手続は大きく2つに分けられます。それなりの財産があると、それを換価して債権者に公平に配当しなければならないので、裁判所が選任する破産管財人が財産を管理・処分します。これを「破産管財事件」といいます。また、財産らしいものがないと管財人の選任もなく、そのまま免責の手続に入ります。これを「同時廃止事件」といいます。同時廃止事件では、預金はそのままです。しかし、破産管財事件では預金は現金化されて、債権者に配当されます。もし、預金口座のある金融機関が債権者の中にいる場合には、そのまま債務と預金債権が相殺されることになります。いずれにして

も、債務者（破産者）の手元には残りません。

　次に、子供名義の預金ですが、破産者以外の名義の預金は、原則として、管財の対象にはなりません。ただ、実際に預金していたのが債務者であれば、管財の対象となります。

　原則はこの通りですが、債務者の手元に一切の現金も残さないのでは、その後の生活が成り立ちません。そのため、当座の生活資金として、99万円以下の現金を債務者の手元に残すことが認められています。これを「自由財産」といいます。なお、預金債権は現金に該当しませんので、原則として20万円を超える部分は自由財産に含まれません。

■ 同時廃止になるか管財事件になるか

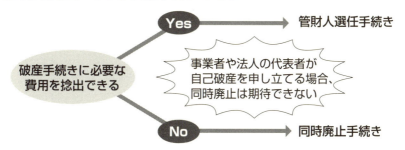

■ 99万円までは自由財産

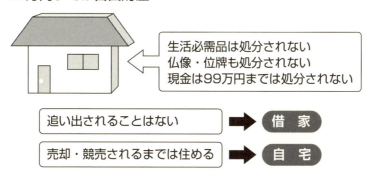

自己破産を申し立てることによって、自家用自動車も差押の対象になり使用できなくなる場合があるのでしょうか。

ローンの支払いが終わっているかどうかで結論が異なります。

　自己破産で意外と問題となるのが自家用自動車の取り扱いです。自動車も財産ですから裁判所に没収されるのが原則です。ただし、自動車の場合は「ローンが残っているかどうか」「査定額がいくらか」などによって取り扱いが異なってきます。

　まず自動車のローンがまだ残っている場合は、自動車を手元に残すことは難しいと考えた方がよいでしょう。通常、自動車を購入すると、ローン契約には「所有権留保の特約」が付いているため、自動車の所有権はローン会社に留保されます。そのため、自己破産の手続きを開始した時点で、ローン会社は特約に従って自動車を引き上げてしまいます。ローンの残額を支払えば、自動車を手放さずにすみますが、特定の債権者にだけ支払いをする行為は「偏波弁済」として免責がおりない危険性があるため、注意してください。なお、自動車の所有権がローン会社に留保されているかどうかは、車検証を見ればわかります。車検証の使用者の欄にあなたの名前が、所有者の欄に信販会社の名称が記載されていれば、自動車の所有権は信販会社に留保されています。

　次に自動車のローンを支払い終えている場合は、自動車の査定額がいくらかによって手元に残せる可能性があります。その目安は20万円です。査定額（処分見込額）が20万円以下の場合は、換

価対象とはなりませんので、自己破産をしても自由財産として自動車を手元に残すことができます。自動車は減価消去が比較的早いため、普通車は初度登録から7年、軽・商用車は初度登録から5年が経過していれば無価値と判断され査定も不要とされています。

最後に、自動車の価値が20万円を超えている場合であっても、足が不自由で自動車がなければ生活することができない、仕事に支障がでるなどの事情があれば、自由財産拡張の申立てを行うことができます。自由財産拡張の申立てとは、破産法で定められた自由財産（本来的自由財産）以外の財産についても裁判所の決定により債務者が自由に管理処分することを認めるもので、自由財産の拡張が認められれば、自動車を手放さなくて済みます。

なお、どうしても自動車を手放したくないからといって、自己破産手続開始前に、自動車の名義を家族などに変更することは悪質な財産隠匿行為として免責不許可事由に該当するため、絶対にしてはなりません。

■ 破産財団の換価

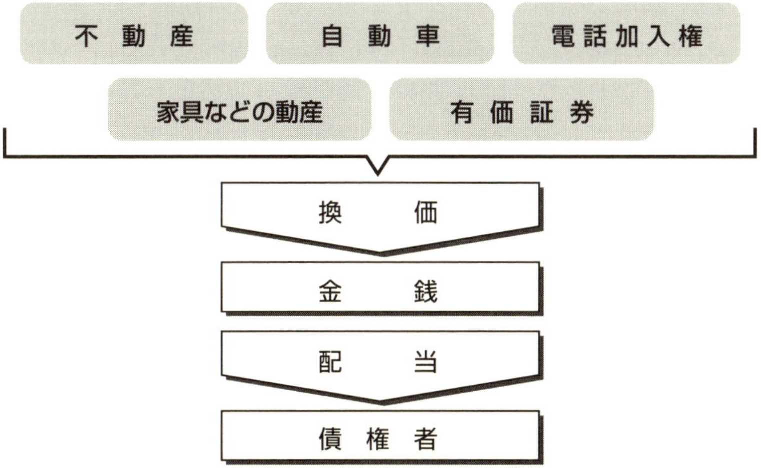

不動産　　自動車　　電話加入権

家具などの動産　　有価証券

↓

換　価

↓

金　銭

↓

配　当

↓

債　権　者

自己破産すると自宅はどうなるのでしょうか。

自宅は失われるので新しい住居は探す必要があります。

　破産者にマイホームなどの不動産がある場合には、原則的には管財事件になるはずです。しかし、管財事件になれば、最低でも予納金は20〜50万円はかかります。ところが、こうした破産者の多くは、まだまだ相当な額の住宅ローンを残しているのが通常です。
　さらに、不動産価格が高かった以前とは違って、最近では、不動産の評価額が購入時に比べて2分の1、場所によっては3分の1またはそれ以下にまで下落していることもあります。たとえば、資産価値1000万円程度しかない不動産に、被担保債権5000万円の抵当権が設定されていることもざらにあります。
　このような担保割れの状態では、仮に債権者である銀行が抵当権を実行したとしても、多額の負債が残ってしまうことになります。これでは、管財事件にした意味はありません。そこで、東京地裁などでは、個人の破産者が不動産を所有している場合でも、その不動産によって担保される借金の総額が、その担保不動産の換金価値の1.5倍以上、つまり「被担保債務残額÷不動産評価額＝約1.5」以上ある場合（オーバーローン）で、債務者に他に大きな財産がなければ管財事件とはしないで、最初から同時廃止とする方針を打ち出しました。この方式が採用されている裁判所では、多額の住宅ローンによって返済に苦しんでいた債務者も、自

己破産の申立てがしやすくなります。高額な予納金が調達できずに自己破産をためらっていた人も、1万円〜2万円程度の安い費用で自己破産できます。

1.5倍以上のオーバーローンで自己破産の申立てをして、同時廃止になったとしても、住宅ローンはそのまま残っています。抵当権をもつ銀行やその保証会社では、いずれは抵当権を実行してくるでしょう。同時廃止になれば、不動産の差押も可能になり、抵当権者は競売を申し立てます。しかし、競売の手続きによって売却先が決まるまでには半年から1年、物件によっては相当な時間がかかります。売却されることになれば、結局は、家を失うことになりますが、その間は、破産者が家に住んでいることも問題ありません。

●オーバーローンの場合で同時廃止にしてもらうための手続き

債務者が所有する不動産の評価額を明らかにする資料を裁判所に提出することが必要です。普通は、不動産鑑定士に依頼して、不動産の時価に関する鑑定書を作ってもらうか、路線価格に関する書面または固定資産評価証明書などの書類が必要になります。

ただ、不動産鑑定士へ評価を依頼するのにも、多額の費用がかかりますから、この点については、所有している不動産の所在地

■ オーバーローンのしくみ

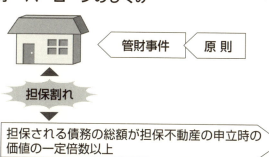

の近隣にある不動産業者に、実際の取引価格を証明する文書を作ってもらって、これを提出してもよいことになっています。この場合は、文書は2つ以上の複数の異なった不動産業者に作成してもらい、それぞれに不動産業者の名前を記入して押印してもらわなければなりません。

　東京地裁のような運用がなされていない裁判所では、オーバーローン物件であっても管財事件になると考えられ、破産管財人による管理処分がなされる破産財団に属することになります。ただしオーバーローンであることが明らかな場合は、管財人の判断により破産財団から放棄され、破産手続きから外される可能性もあります。そうなれば同時廃止の場合と同様、破産者に不動産の所有権が復帰することになりますので、抵当権者による競売申立てや、あるいは任意売却がなされることになります。

■ 不動産を所有する人の同時廃止手続

申立てに必要な書類

　受付時に追完を指示された通常の疎明資料等に加えて、以下の疎明資料等が必要となります。

1 **不動産に設定されている担保権（国税の滞納処分による差押等を含む）の一覧表**
　＊受付年月日、登記原因、権利者、債務者、現在の被担保債権等を正確に記載してください。

2 **現在の被担保債権額を示す資料**
　＊残高証明書、代理人による債権調査票、電話聴取書等を提出してください。

3 **不動産の時価を示す資料（次のいずれかを提出）**
　(1) 売却基準価格が記載された期間入札等の通知書
　(2) 鑑定書
　(3) 路線価格に関する書面または固定資産評価証明書＋近隣の不動産業者2業者以上による不動産評価額に関する書面（当該業者作成の評価書、または申立人あるいは申立代理人作成の報告書、いずれも業者の名称および所在地が明示されたもの）
　(4) 予納金　2万円（審尋期日までに納付）

破産すると給料や退職金を差し押さえられることもあるのでしょうか。

破産手続開始決定後は差し押さえることができません。

　差押は、その財産を債務者が自由に処分することを禁止し、債権を満足させるための準備手続です。破産手続開始の決定があると、それまでの差押手続は停止し、新たな差押もできなくなります。そして、免責が決定すると、中止していた差押の効力は消滅します。このように、破産手続開始の決定後に、債権者が債務者の給料の差押をすることはできません。債権者が会社に直接、取

■ 給与が差し押さえられる範囲

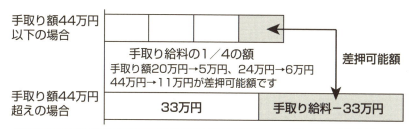

手取額とは給料から所得税・住民税・社会保険料などの法定控除額を差し引いた額のことです。
手取額が44万円を超える場合は、その手取額から一律33万円を差し引いた額を差し押さえることができます。つまり、33万円を債務者のもとに残せば、その残りはすべて差し押さえることができるのです。
なお、上図の33万円とは、標準的な世帯の必要生計費が勘案（考慮）されたもので、政令によって定められた額のことです。

第7章 ● 自己破産をめぐる法律問題

立てに行くこともできません。また、免責が決定された後に働いて得た給料債権については、それまでの債権者が差押をすることはできないので安心してください。

●自己破産すると退職金はどうなるのか

破産手続の場合には、原則として債務者の退職金も破産財団に組み込まれて、債権者に配当されます。ただ、退職の時期や退職金がすでに支払われたかどうかによって、取扱いは異なります。

まず、破産手続開始決定がなされたときに、まだ、退職していないケースが考えられます。そこで、破産手続開始決定のときに退職したと仮定して、そのときに見込まれる支給額の８分の１を原則として破産財団に組み込むこととしています。

次に、破産手続開始の決定がされたときに、すでに、退職しているケースです。退職していても、まだ、債務者が退職金を受け取っていない場合には、その金額の４分の１を破産財団に組み入れます。法律上、４分の３は差押禁止財産とされているからです。さらに、退職し、なおかつ、債務者が退職金を受け取っている場合には、退職金の全額を破産財団に組み入れなければなりません。すでに、債務者の一般財産を構成しているからです。

■ 自己破産と退職金

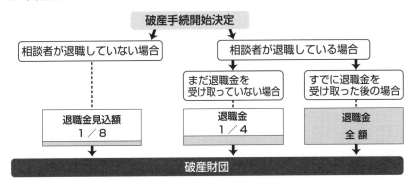

自己破産して免責決定を受けると税金や社会保険の滞納分はどうなるのでしょうか。

滞納分の税金や社会保険については免責されません。

　免責の決定があれば、すべての債務を免れるわけではありません。納税の義務は国民の義務として、憲法でも規定されています。そのため、国や地方公共団体の税金は、たとえ破産して免責されても、国民の義務として支払うべき債務は支払わなければならないとして、例外が設けられています。税金を滞納している場合には、免責が決定された後でも、滞納分の税金は債務として残ることになります。また、社会保険（健康保険など）についても、税金と同様に、免責の例外とされています。保険制度は国民がそれぞれ資金を出し合って支えるものです。そのため、たとえ破産し免責されても、債務を免れることはできないのです。

■ 租税債権の扱い

所得税・法人税
固定資産税・事業税
など
→ 財団債権となる → 国や地方自治体は破産手続によることなく徴収することができる

破産手続開始当時、納期限が到来していないもの、原則として、納期限から1年を経過していないもの

不注意による交通事故の賠償債務や離婚の慰謝料、養育費は自己破産で免責されるのでしょうか。

故意や重大な過失による損害賠償債務等は免責されないので注意しましょう。

　破産制度は裁判所の管理の下、債務者の財産を整理し、債務者の再起を図ることを目的としています。破産手続開始の決定後に、さらに免責の決定があれば、債務者は債務から解放されるわけです。ここでいう債務は借金に限らず、交通事故などの不法行為（故意または重大な過失による不法行為は除きます）に基づく損害賠償債務や慰謝料債務も含まれます。仮に決定の時点で、過失相殺（債権者の過失も考慮して賠償額を減額すること）の有無や金額などについて争いがあっても免責されるのが原則です。

　ただ、何種類かの債務については例外的に免責の対象とはされていません。政策的な目的から税金や社会保険については滞納があっても免責されないのがその一例です。それと同じように、損害賠償債務についても、例外的に免責の対象とされない場合があります。まず、破産法では、「破産者が悪意で加えた不法行為に基づく損害賠償債務」は、免責されないと規定しています。「悪意」とは積極的加害意思のことで、下記の「故意又は重過失」よりも狭い意味です。

　次に、「破産者が故意又は重大な過失により加えた人の生命または身体を害する不法行為に基づく損害賠償債務」も、免責の対象となりません。「故意」とはわざと、「重大な過失」とは著しい

230

（重大な）不注意を意味します。たとえば、飲酒運転で人を轢いてしまった場合がこれにあたります。こうした場合に免責させてしまうと被害者にとってあまりに酷なため、例外とされているのです。あなたの場合、重過失というほどではないので、原則どおり免責になる可能性が高いといえます。

ただし、破産手続に伴い、免責の対象となる債務は、「破産手続開始の決定」の時より前に発生した債務です。したがって、破産手続開始決定前に生じていた交通事故による損害賠償債務については、原則として免責されますが、たとえば破産手続開始決定以後に離婚が決定し、慰謝料を支払うことになった場合等には、免責の対象に含まれませんので注意が必要です。

● 自己破産すると養育費や生活費の支払義務はどうなる

免責の対象に含まれない支払義務の中には、親族間の扶養義務

■ 免責される債務とされない債務

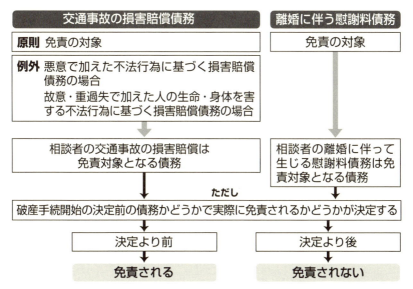

に基づく債務も挙げられます。まず、破産者が夫婦・親子・兄弟姉妹といった関係に基づいて負担すべき義務については、免責されません。いくら破産して免責された後でも、親族の関係まで否定されるわけではありません。また、子供の扶養義務まで免責するのでは、子供の成長・福祉のためによくないからです。

さらに、破産法では、扶養義務そのものではなくてもそれに近い義務で契約によって発生した義務についても、破産者は免責されないとしています。離婚した夫婦間での生活費負担義務はこれにあたる可能性があります。したがって、たとえば離婚した妻が子どもの親権者となって、子どもを引き取り育てていたとしましょう。そして、妻が専業主婦だったため、当面の生活費および子どもが成人するまでの間の月々の養育費を債務者が支払うという取り決めがなされていた場合、債務者が破産手続きを行い、たとえ免責の決定があったとしても、取決められた生活費をはじめとする費用を支払い続けなければならないことになります。

ただ、この判断はケース・バイ・ケースとなるでしょう。よく弁護士や破産管財人と相談してみてください。

■ 免責決定後も免責されない債権

- □租税や社会保険料(健康保険料)などの請求権
- □破産者が悪意で加えた不法行為に基づく損害賠償債務
- □破産者が故意(わざと)または重過失(重大な不注意)によって人の生命・身体を侵害した場合の不法行為による損害賠償請求権
- □養育費や扶養料など
- □雇用関係に基づいて発生した使用人の請求権(給与など)や使用人の預り金返還請求権
- □債権の存在を知っていながら破産者が故意に債権者名簿に記載しなかった請求権(債権者が破産手続開始決定のあったことを知っていた場合は除く)
- □罰金、科料などの請求権

 **クレジットで購入した車を売ったら免責を受けられないのでしょうか。**

 勝手に商品を売却すると免責を受けられなくなることもあります。

　クレジットローンで商品を購入すると、その代金はクレジット会社から売主に対して一括して支払われます。そして、支払った代金については、クレジット会社が立替手数料を含めて分割で買主に請求します。商品の所有権は誰にあるのかというと、クレジット会社にあるのが原則です。ローンを完済した時点で、買主に所有権が移転することになるのです。

　このように、売買が成立しても、ローンが完済するまで所有権は移転しない売買を「所有権留保売買」といいます。ローンを組んでも途中で買主が支払不能になる可能性があるので、所有権は留保しておくのです。特に、自動車のローンでは、車検証に使用者が買主で所有者はクレジット会社、などと記載されていることがよくあります。

　クレジットローンのこのようなしくみから、もし、買主が分割払いを怠ったり、破産手続が始まるようなことがあったら、所有権に基づいて自動車などの商品を引き上げることになります。それによって、ローンの債権を確保するのです。そこで、買主が勝手に商品を売却することは、契約違反となる危険性が多分にあります。免責を受けられなくなるおそれもあるので、注意してください。

Question 16 自己破産を申し立てたいと思っているのですが弁護士や司法書士に依頼するための費用がないのですが。

民事法律扶助制度を利用すれば弁護士費用を立て替えてもらえます。

　弁護士費用を払うのが難しい場合には、民事法律扶助制度というものを利用する方法もあります。これは日本司法支援センター（法テラス）の業務のひとつであり、資力の乏しい人が、弁護士や司法書士などの費用の立替を受けられる制度です。世帯ごとの月収や自分または配偶者が所有している財産が一定以下であれば、民事法律扶助を受けることができます。ただし、「立替」ですので、後々、弁護士や司法書士の費用を分割払いで法テラスに返していかなければなりません。原則として毎月１万円を返済しなければなりませんが、生活保護を受給している人については、返済が免除される場合があります。また、返済開始日を猶予してもらったり、返済額を少額にしてもらえる場合もありますので担当の専門家に相談してみるとよいでしょう。制度を利用した場合の弁護士や司法書士への費用については基準が定められており、一般的には、通常の費用より低額であると考えられます。収入や財産が一定以下の人は、この制度を利用して弁護士や司法書士に法律相談を受けることができます。この場合、相談料を後で返済する必要はありません。なお、自己破産における予納金（生活保護受給者は除く）と民事再生における予納金などは立替の対象となりませんので、注意してください。

第8章

債務整理の手続き

借金整理法

借金整理の判断と相談先

　借金整理をするかどうかは、債権者に相談できない性質のものです。基本的には、利害関係のない第三者（法的な借金整理の専門家である弁護士や認定司法書士など）が適切であることが多いでしょう。また、親類や友人に相談する場合でも、自分に耳ざわりのよい答えばかりを求めてはいけません。ときには、耳の痛いことでも、アドバイスには冷静に耳を傾けるべきです。

　借金整理については、貸金業法や民事再生法、破産法などをはじめとして、ある程度の法的知識が要求されます。やはり一度は専門的な知識を持っている人に相談に行ってみるのがよいでしょう。相談先は、通常は弁護士ということになるでしょうが、知り合いに弁護士がいない場合は、まず、各地の弁護士会や地方公共団体などの相談機関へ行ってみることです。弁護士会は各都道府県にあります。また、法務大臣の認定を受けた司法書士（認定司法書士）であれば、140万円を超えない債務であれば代理人として債権者と交渉し、和解することができ、再生や破産についても書類作成人として手続きに関与することができます。弁護士会同様、司法書士会も各都道府県にあり、多重債務の相談や司法書士の紹介も行っていますので、気軽に相談してみましょう。

　法律相談を受ける際に留意すべき点は、現在抱えている借金の件数・額など、すべてを正直に話す必要があるということです。借主の中には、自分の収入や、毎月の返済可能額を実際より多めに話す人がいますが、これでは借金整理もすぐに行き詰まってしまいます。どんなに借金の件数や額が多くても、必ず解決する方法はありますから、ありのままを相談するのがよいでしょう。な

お、相談の際には、①借入先の一覧表、②借金額、③給与明細書、④家計の収入状況のメモなどを持参していくとよいでしょう。

弁護士や認定司法書士に依頼する場合の費用

破産や再生など裁判所を介した手続きを行う場合、裁判所に納める費用（申立手数料や予納金など）の他、弁護士や認定司法書士に支払う費用が必要になります。弁護士費用については一律の基準は存在しませんが、一応の目安として、個人が同時廃止により破産する場合の弁護士費用としては20万から50万円前後が相場とされているようです。認定司法書士の費用は、弁護士費用に比べて低く設定されている場合がほとんどですが、案件によっては予納金が高くつくケースもあることから、一概に認定司法書士に依頼した方が弁護士に依頼するよりも安いとは言い切れません。

引き直し計算で正しい借金額を把握する

借金整理の前提として、正しい借金額を知る必要があります。住宅ローンの場合にはあまり関係ないかもしれませんが、事業で借金を抱えているようなケースではすでに法外な利息を支払っている可能性があるためです。

■ **主な相談先**

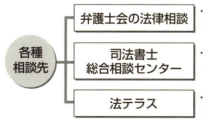

引直し計算とは、取引を利息制限法の利率で計算し直し、利息制限法を超える利息を元金への返済に充てていくことです。この計算により、約定利率（貸金業者と契約した利率）が高ければ高いほど、取引期間が長ければ長いほど借金額が減り、場合によっては、債務額がゼロになった後も返済をしていたために、過払い金が発生していることもあります。過払い金の処理を経て正確な借金額を把握した後に、借金整理を検討することになります。

各借金整理法を検討する

　借金を整理する方法は、大きく分けて、裁判所を利用する方法と、そうでない方法とがあります。裁判所を利用しない方法は、一般に任意整理と呼ばれています。裁判所を利用する方法にも、①特定調停、②個人民事再生、③自己破産、というように何種類かあります。個人民事再生については、事業者であっても個人事業者であれば利用できます（会社など法人の場合には個人民事再生は利用できません）。法人の場合、裁判所を通さない任意整理で対応し、対処できないケースでは事業継続の見込みがあれば通常の民事再生、なければ破産ということになります。

任意整理や特定調停

　特定調停は、お金の貸し借りに限定した民事調停です。調停は、任意整理で話し合いがこじれたり、あまり借金額が多くない場合（債務総額の２％～３％が毎月返済できる程度）に分割返済について話し合う場として利用すると有効です。
　裁判所や調停委員を仲介者として、債権者と債務額や弁済方法の合意に至る制度ですので、特に法律知識がなくても利用することができます。ただ、裁判所や調停委員はあくまでも中立の立場ですから、すべて自分に有利にことが運ぶわけではありません。

しかし、通常は、債務額や返済方法に関して、法律的に見て理にかなった結果となりますので、安心してこの制度を利用するとよいでしょう。
　特定調停は、支払不能（182ページ）に陥るおそれのある人などが生活や営業の再建ができるように作られた制度（民事調停の一種）であり、簡易裁判所で行われます。調停が始まれば貸主からの取立は止まります。手続としては、各簡易裁判所で用意している「特定調停申立書」の用紙に沿って、申立人、相手方、申立人の資産、申立人の生活状況といった必要事項を記載するだけですから、誰にでも始めることができます。調停申立から調停成立までに約3か月ほどかかるのが一般的ですが、費用は、申立時に裁判所に提出する収入印紙代と予納郵券（切手）となっています。印紙代は、借金の額によって異なりますが、わずかな印紙代と切手代ですみますので、任意整理や自己破産に比べると安く利用できる制度といえます。また、特定調停は、債務者の経済的再生を図ることを目的としていますが、個別の債権者に対する交渉的色彩の強い手続ですから、全債務を整理するということはできません。一部の厳しい債権者を相手にするときは、この道を選択するとよいでしょう。ただ、調停が成立するためには相手方の承諾・同意が条件ですから、話し合いがまとまらないと意味はありません。
　一方、任意整理とは、裁判所などでの法的な手続を利用しないで、債権者と直接に交渉し、利息のカットや返済方法の組み直しなどを交渉することをいいます。任意整理というと、何か決まったやり方があるように思っている人もいるかもしれませんが、そうではありません。債権者と債務者が話し合って、双方にとって折り合いがつけられる返済方法を見つけ出すものです。任意整理では、基本的には債権者の協力の下、借金を減額してもらうか、返済条件を変更してもらったりします。

任意整理においては、複数の貸主と交渉する必要があります。交渉にはかなりの精神的な負担を強いられる上、交渉能力も必要なので、なかなか債務者自身が行うのは大変です。一定の法律知識が必要なので、弁護士や認定司法書士などの専門家に任せることになります。弁護士や認定司法書士が債務者から委任を受けて、債権者の同意を取りつけながら借金を整理していく手続きですから、強硬な債権者がいる場合にはなかなか話はまとまりません。一般には債務者の返済能力を考え、3～5年程度で分割払いなどの返済計画を立て、債権者との妥協点を探っていきます。

個人民事再生

任意整理は、裁判所を通さないでする話し合いですから、債権者が話し合いに応じなければそれまでです。一方、特定調停では、債務者の返済計画に債権者が合意してくれればよいのですが、債権者が多数だったり、一部の債権者が合意しないなどの事情で、手続きがうまく進まない場合もあります。

このような場合には、債務者は個人民事再生を申し立てるのがよいでしょう。個人民事再生は、債務者が破産してしまう前の再起・再建を可能にするための手続きです。具体的には、債権者に、既存の債務の一部を支払い、残りの債務は免除してもらいます。債権者に支払う一部の債務も、債務の返済方法を定めた再生計画に従って、原則として3年以内で支払います。

住宅ローンがある場合は、再生計画に住宅資金特別条項を設けることによって、住宅ローンについてはこれまでどおり支払いながら（または返済期間の延長や元本猶予などをすることもできます）、他の債務を圧縮して支払うことができ、これにより住宅を失わずにすみます。この手続を利用すれば、たとえすべての債権者の合意が得られない場合でも、裁判所の認可を受ければ再生計

画に反対する債権者がいても効力が及び、債務者は再生計画に従って返済をしていくことになります。

破産（自己破産）

任意整理、特定調停、個人民事再生による債務整理を検討したけれども、どうしても借金を返すことができない、という場合には、破産申立てを検討します。破産とは、簡単にいえば、借金を返せない状態であるということを裁判所に認定してもらう制度です。債務者自らが裁判所に破産申立をして破産手続開始決定、免責の決定を受けることにより、債務者の負っている借金を免除してもらうのが自己破産です。年収の何十倍もの借金を背負って、どうにもならない人にとっては、究極の借金整理法といえるでしょう。なお、裁判所から免責許可の決定を出してもらうことで、借金の支払義務を免れます。ただ、警備員や公認会計士などの一定の資格については、免責決定が確定するまでその資格を使った仕事ができなくなりますので、注意が必要です。

■ **考えられる借金整理法**

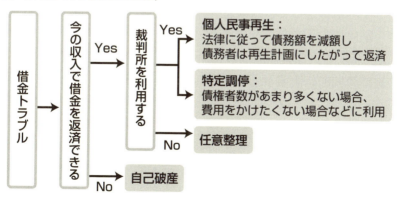

自己破産手続き

破産手続き

　破産手続とは、破産者の財産を処分・換価して、債権者に平等に弁済（返済）することを目的とする手続きです。正確には、「破産財団を換価して、破産債権者に配当するための手続き」といいます。債務者が借金から解放されるには、破産手続の他に免責手続が必要です。晴れて再起のときを迎えるまでには、大きく分けて２つの段階を踏むことになるわけです。

check 1　破産手続開始決定

　自分の住所を管轄する地方裁判所に破産手続開始の申立てをすることから始まります。破産手続開始の申立てにより免責の申立てもしたものとみなされます。申立てを受けた裁判所は、申立てが適法かどうか、費用の予納があるかなど手続に不備はないかを調べ、さらに債務者に破産原因があるかどうかを調べます（破産原因とは債務者が支払不能になっていることを指します）。債務者に対しても裁判所への出頭を求めて非公開の審尋（審問）を行います。審尋を経て、債務者に破産原因があると認められると破産手続開始の決定が出されます。

check 2　管財事件か同時廃止か

　破産手続開始決定を受けたとしても、まだ破産手続の入り口をくぐったにすぎません。ここで、債務者にある程度の財産があれば、管財事件となります。そうでなければ同時廃止です。ここにひとつの分かれ道があります。管財事件となれば、破産管財人が選任され、以後は、債権の確定から破産財団の換価・配当という本来の破産手続になります。配当が完了すれば破産手続は終了しますが、それでも残ってしまった借金から解放されるには、免責手

続が必要です。なお、破産者が会社などの法人の場合は、免責は問題になりません。また、いったん、管財事件になっても事情によっては破産手続が途中で廃止されることもあります(異時廃止)。

check 3　免責手続

　管財事件にならないで同時廃止の決定がなされた場合、または、いったん管財事件になっても、後に破産手続が廃止された場合には、免責手続をしなければなりません。特に、個人の債務者の場合には、破産手続以上に、免責手続の方が重要であるともいえます。免責により、債務の支払責任が免除されることになります。破産の決定後、裁判所による債務の支払義務を免除する旨の決定を「免責許可決定」といいます。免責されることにより復権して破産者ではなくなります。免責の確定までの手続は、①免責許可の申立て（破産手続開始の申立てと一体）②免責の審理、③免責許可の決定、④免責の確定の手順でなされます。

■ **免責許可の申立てから免責決定まで**

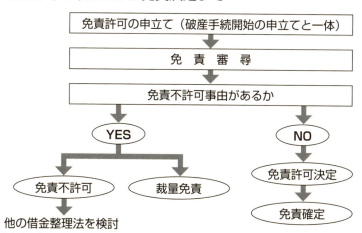

※破産法で定める免責不許可事由があっても、裁判所が免責相当と判断した場合には免責の決定がなされる。これを裁量免責という。会社代表者個人の破産については裁量免責が行われることがある。

同時廃止と管財手続き

同時廃止と管財事件

　自己破産しようと決意するに至った債務者には、すでにめぼしい財産は残っていないのが普通でしょう。

　破産手続に必要な費用を捻出できるだけの財産がない場合、破産手続開始決定と同時に破産手続を終結させる破産手続廃止決定がだされます。破産手続の開始決定と同時に廃止決定がなされることから、この手続きを同時廃止といいます。この同時廃止事件は、管財事件とは異なり、破産管財人は選任されませんので、予納金が少額ですみます。現在では、自己破産を申し立てる人の6割程度が同時廃止になっています。

　ただし、個人事業主や会社などの法人の代表者（取締役や代表取締役）が自己破産を申し立てる場合には、たとえ財産が全くなくても同時廃止になることは、ほとんどないというのが実情です。

　これに対して破産者に不動産や株式、預・貯金など多少とも財産が残っている場合、つまり「破産手続に必要な費用を捻出できるだけの財産」があるときには、破産手続開始決定と同時に裁判所によって破産管財人が選任されます。破産手続開始決定の後、管財人が選任され、破産手続が進められる場合を管財事件といいます。この場合は、破産者の財産を破産財団という形でひとまとまりにして、管財人の主導の下で、破産財団を処分してお金に換え、債権者に分配する手続きをとっていきます。

　なお、破産管財人には、弁護士が選任されるのが通常です。

同時廃止するための基準

　同時廃止か管財事件かを振り分ける基準は、裁判所ごとで異

なっており、統一されているわけではありません。たとえば、東京地裁では破産者が申立時点で現金33万円以上（2017年4月以降、同年3月までは20万円以上）を保持していれば、同時廃止とはならず、原則として管財事件（少額管財）として処理しています。一方、他の多くの裁判所では、破産者に財産がなく、現金99万円以下であれば、同時廃止として取り扱う運用がなされています。また、現金以外の財産については、個別の財産が20万円を超えなければ、同時廃止として処理されることになりますが、個別財産を足した総額がどの程度までであれば同時廃止として取り扱うかは、裁判所によって異なります。ただ、財産のうち一つでも20万円を超えるものがあれば管財事件として処理されますので、各財産の評価額が20万円を超えるか否かを一つの基準とするとよいでしょう。

なお、不動産を所有している場合は、原則として管財事件となりますが、不動産に設定されている抵当権等の被担保債権額が、不動産の価格の1.5倍を超えるオーバーローン物件の場合は、同時廃止となる可能性があります（前ページ）。申立先の裁判所に確認してみるとよいでしょう。

管財事件

債務者に残っている財産が20万円程度あるかなどが目安になっています。住宅ローンが残っている家も、家財道具同様、その処分は原則として破産管財人に委ねられ、売却されてお金に換えられる運命になります。破産手続開始決定があれば、もはや債権者といえども、破産手続を無視して勝手に取立てをすることは許されません。破産手続開始決定の前後になされた家財道具などへの差押も、その効力を失います。破産財団を処分して得られた金銭は、すべての債権者に、債権額に比例した割合で公平に分配され

ます。この分配手続を配当といいます。

　管財事件になれば、債権者集会が開かれます。債権者に対する配当が終了すると、その旨を管財人は債権者集会で報告し、その集会終了後、裁判所が破産終結の決定を行って、破産手続が終了します。管財事件の場合は、破産手続が終了するまでには、少なくとも1年以上の期間がかかるのが普通です。破産財団に属する財産を売却・処分するのには時間と手間がかかりますから、場合によっては数年かかることさえあります。そこで、破産した場合でも、一般には管財人が家を売却するまで、または競売手続がすむまでは、破産者は自宅に住み続けることもできます。

　なお、いったん、管財事件として手続が進められていても、途中で破産財団（破産者の財産）の価値が減少して、破産手続の費用さえ支出することができなくなることがあります。このような場合にも、やはり破産手続を続行することは意味がありませんので、破産手続廃止の決定がなされます。この場合は、破産手続開始決定と同時に手続を打ち切るわけではないので、異時廃止といわれています。

■ **同時廃止になるか管財事件になるか**

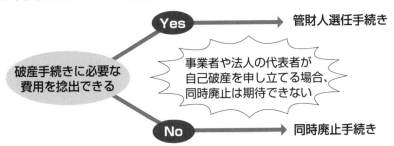

申立てにかかる費用

　破産申立書に貼る収入印紙や予納郵券が必要です（下図参照）。また、破産の申立てをしたら、裁判所から指定された予納金（裁判所に破産手続を進めてもらうために必要な費用）を納付しなければなりません。同時廃止になれば、破産手続の費用や管財人の報酬は不要ですが、官報への公告費用など、若干の費用がかかりますから、その分を予納金として裁判所に納めます。東京地裁の場合ですと10584円です。

　破産手続にかかる予納金の金額は、各裁判所によって違いますが、必ず裁判所に納める義務があります。たとえば、破産者に多少とも財産があって、管財事件になった場合には、同時廃止のときには1万円程度ですむ予納金が、50万円から150万円と、債務額によってはかなり高額になり、経済的負担は大きくなります。そのため、最近では、多額の予納金が必要だった管財事件の手続費用を少額化して、手続の迅速化と費用の軽減を図った少額管財という制度が運用されるようになりました。少額管財を利用すれば、予納金は20万円程度でよくなります。少額管財手続の対象は、自己破産申立事件で、管財人をつける必要のある事件です。負債総額の大小や不動産があるかどうかは問いません。ただし、代理人として弁護士がついている破産申立事件に限ります。

■ **自己破産・免責申立に必要な手続費用（東京地方裁判所の場合）**…

	自己破産（管財事件）申立費用	
	法人の破産	個人の破産
収入印紙	1000円	1500円 （破産申立て分：1000円、免責申立て分：500円）
予納郵券	4100円（債権者申立および大規模な法人の破産（特定管財事件）の場合は1万4100円）。ただし、債権者が多い場合、追加での予納郵券の支払を求められることがある	

自己破産申立て後の手続き

債権者からの取立対策

　申立てが受理されたら、債務者の方から債権者に破産申立て済みである旨の通知を、「事件番号」を表示して送っておくのがよいでしょう。通知書には、①破産申立てに至った事情、②今後の裁判手続きに協力してほしい旨、③裁判所名と事件番号を必ず書いておきましょう。この通知によって、債権者は債務者に破産申立てがあったことを知ることになり、その後は、債務者に支払いを請求できなくなります。債務者からの通知書を受け取っても、平気で取立てを続ける悪質な業者に対しては、監督官庁に申し立てて行政指導してもらうとよいでしょう。それでも強硬に取立てにくる業者に対しては、裁判所に「取立禁止の仮処分」を申し立てることもできます。

　なお、破産手続を通常、弁護士に自己破産の申立てを委任すると、弁護士は、貸金業者宛に「債務者○○の債務の整理について受任したので、以後連絡は弁護士宛にするように」という内容の書面（弁護士介入通知）を発送します。書面が貸金業者に到達すると、貸金業者は直接の取立行為ができなくなり、破産申立前でも電話・電報・訪問・郵便などによる取立行為は止まります。

審尋期日

　自己破産の申立てをすると、後日、申立人は裁判所に出頭して担当裁判官から事情を聞かれます。これが審尋（審問）と呼ばれている手続きです。裁判所は審尋によって破産手続開始決定をするかどうか結論を出します。審尋期日は、予納金を納めた時点からおよそ１〜２か月してから指定されているようです。債務者の

審尋と債権者から回答された意見聴取書をもとに、審尋期日からそうたたないうちに、裁判所は申立人に対して、破産手続開始決定をし、同時廃止の決定をします。申立てから数えて、約1〜2か月、申立件数の多い裁判所では、2〜3か月後のことです。

　破産手続開始決定を受けるには、申立人が支払不能の状態にあるかどうかがポイントです。審尋は、裁判官が、申立人が支払不能の状態にあるかどうかを判断するために行われます。申立時に提出した陳述書の中で、申立人は、生活状況や借金を支払うことができなくなった事情などを詳しく述べて、支払不能の状態にあることを明らかにしておくことが大切です。審尋は、申立内容に問題がなければ、通常1回で終わります。審尋の後、支払不能の状態にあると判断されれば、破産手続開始決定がなされます。

破産手続開始決定

　裁判所の審尋の結果、特に問題がなければ、破産手続開始決定がなされます。裁判所によって多少扱いは異なりますが、破産手続開始決定は、審尋の日から数日後に出されます。破産手続開始決定は、官報に公告され、破産管財人や破産者、債権者などに通知されます。破産手続開始決定は公告の日から2週間後に確定します。このときから、申立人は破産者になります。破産手続開始決定が確定すると、債権者はもはや個別に権利を行使することはできません。破産手続開始決定の決定が出されると、そのときか

■ **破産審尋と破産手続開始決定**

破産審尋　判断 → 支払不能 → 破産手続開始決定

ら債務者は破産者になります。
　なお、破産手続開始決定後に得た新たな財産は、自由財産として99万円までの現金などは破産者が自由に使うことができます。

免責の申立て

　個人の自己破産の場合は、破産手続開始の申立てにより免責申立てをしたものとみなされます（破産の申立ての際に免責申立てをしない旨の申述をした場合を除く）。また、債務者が破産の申立時に債権者一覧表を提示すれば、免責手続で債権者名簿を再び提出する必要はありません。裁判所は、必要に応じて破産管財人・破産債権者に対して免責についての意見申述を行わせます。破産管財人や破産債権者は、免責の当否について裁判所に意見を述べる機会を与えられるわけです。また、裁判所・破産管財人による免責についての調査もあります。調査は必ず行われるものではありません。裁判所によっては運用により審理の期日を開く場合がありますので、免責の申立てをする裁判所に確認してみましょう。

免責決定

　免責許可の決定が官報に掲載された翌日から２週間以内に債権者が即時抗告をしなければ債務者の免責が確定します。即時抗告とは、裁判の日から一定の期間内に提起するとされている上級裁判所への不服申立制度です。免責の決定はその確定により効力が生じます。免責の決定が確定すると、一定の免責されない債権を除き、債務の支払いを免れることができます。免責の確定により、破産者は、一部の債務を除き、破産債権者に対する債務の支払義務がなくなります。また、復権して破産者ではなくなり、公法上または私法上の資格制限（211ページ）から解放されます。

免責による借金からの解放と免責の不許可

　破産者の免責審理が終わり、免責不許可事由がなければ、裁判所は免責決定をします。免責の決定がなされると、裁判所から免責決定書が交付されます。その後免責許可の決定が官報公告されます。免責決定が官報に掲載された翌日から2週間以内に債権者から即時抗告がなされなければ免責が確定します。これでようやく復権して借金から解放されるわけです。

　免責が確定すると、それまで破産者とされていた債務者は当然に復権して、破産者ではない元の状態に戻ります。また、公私の資格制限からも解放されます。さらに破産者は、免責決定によっても免責されない、税金などの一部の借金を除いて、晴れて、借金から解放されるのです。ただし、一度破産免責を受けた人が再び破産しても、以前の免責から7年経過しなければ、新たな免責は受けられません。免責が許可されなければ、破産者としての立場はそのままですが、自己破産したことが全く無意味になるわけではありません。債務者が自己破産したことを知って、債権の回収をあきらめる債権者は少なくありません。

　なお、一般的に、免責が不許可になった場合の対策として、高等裁判所への即時抗告と任意整理が考えられます。

　免責不許可の決定に対しては、高等裁判所に異議申立（即時抗告）ができます。即時抗告は、免責不許可の決定が送達されてから、1週間以内にしなければなりません。仮に免責不許可の事由があって、明らかに免責決定が受けられないような場合でも、破産手続開始決定は受けられます。債権者の中には、債務者が破産手続開始決定を受けたことによって、免責決定を待たずに債権の回収をあきらめる者もいます。その場合、判決などが取られていなければ、債務は原則5年で時効消滅しますので（125ページ）、時効援用の手続きをとるようにしましょう。

個人民事再生手続

手続開始の申立て

　個人民事再生手続開始の申立ては、債務者だけがすることができます（通常の民事再生手続開始の申立ては債権者もすることができます。この場合に、再生手続開始決定までに債務者が小規模個人再生または給与所得者等再生を行うことを求めると、個人民事再生手続の開始決定が出されることがあります）。再生手続開始の決定がなされると、強制執行や仮差押・仮処分などに基づく競売手続きをすることができなくなります。もし強制執行などの手続きがなされていれば中止されます。裁判所は、手続開始の決定と同時に、「債権届出期間」と「再生債権に対する一般異議申述期間」を定め、これらを官報に掲載（公告）するとともに、申立ての際に裁判所に知らされている債権者に対して再生手続が開始されたことを記載した書面を「債権者一覧表」と一緒に送付します。

　債権者は、送られてきた債権者一覧表に記載されている自分の債権の内容に異存がなければ、改めて債権届出をする必要はありません。債権者一覧表に記載されていない債権がある場合や、記載されている債権の内容（債権額など）に異存のある債権者は、債権届出期間内に裁判所に対して債権の届出をしたり、異議を述べることができます。

再生計画案の作成と決議・認可

　再生計画案は債務者（または代理人）が作成して、裁判所の定める期間内に裁判所に提出しなければなりません。再生計画案の内容の中心となるのは、「いくら」を「どれくらいの期間」で返

すか、ということです。再生計画案では、通常、「いくらを返す」というように具体的な金額を挙げるのではなく、「再生債権の元本のうち○○％を後記の弁済方法の通り弁済する」というように弁済率で返済額（計画弁済総額）を表現します。また、再生計画案に沿った返済計画表を作成します。弁済期間は3年以内が原則です。ただし、特別な事情があれば、5年以内でもよいとされています。なお、個人再生委員が選任されている場合は、適正な再生計画案を作成するように個人再生委員から勧告を受けることもあります。小規模個人再生の場合は、再生計画案について債権者の書面による決議を受けることになります。給与所得者等再生の場合は、再生計画案が債権者の決議に付されることはありませんが、裁判所は債権者の意見を聴くことがあります。

小規模個人再生の場合の計画弁済総額

債務者が、再生計画に基づいて具体的に返済することになる「計画弁済総額」は最低弁済額以上でなければなりません。

小規模個人再生の場合は、再生手続の対象となる借金の総額が100万円未満の場合には、その額が最低弁済額となります。つまり、この場合には借金の額自体を減らすことはできません。また、借金の総額が100万円以上500万円未満の場合は100万円、借金の総額が500万円以上1500万円未満の場合は借金額の5分の1、借金の総額が1500万円以上3000万円以下の場合は300万円、借金の総額が3000万円を超え5000万円以下のときは借金額の10分の1がそれぞれ最低弁済額となります。

清算価値保障原則

計画弁済総額は最低弁済額以上であるのと同時に再生債務者が所有している財産の額（清算価値）以上でなければなりません。

これを清算価値保障原則といいます。債務者が破産した場合、債務者が所有する財産を換金して債権者に分配します。個人民事再生ではこのような財産の換価・分配を行わない代わりに、財産の価値分は弁済する、つまり計画弁済総額は財産を換価して清算した場合の価値以上でなければならないのです。この清算価値を示すために清算価値算出シートを作成することがあります。

清算価値は、基本的には財産目録に記載された財産を合計して求めます。ただし、退職金見込額はその8分の1が清算価値となります。たとえば、再生手続の対象となる借金の総額が500万円であった場合、最低弁済額は100万円です。しかし、財産の清算価値が200万円であった場合には200万円以上を計画弁済総額としなければなりません。また、清算価値が600万円であった場合には、500万円全額を弁済しなければなりません。なお、後者の場合に財産の清算価値が600万円であるからといって600万円を弁済する必要はありません。

なお、前述の最低弁済額の基準と清算価値保障原則は、小規模個人再生だけでなく給与所得者等再生にも適用されます。給与所得者等再生の場合は、これらに加えて可処分所得要件（193ページ）についてもクリアしなければならないことになります。

■ 小規模個人再生の最低弁済基準額

基準債権の額	最低弁済基準額
100万円未満	その金額
100万円以上500万円未満	100万円
500万円以上1500万円以下	その金額の5分の1
1500万円超3000万円以下	300万円
3000万円超5000万円以下	その金額の10分の1

再生手続の終結

　小規模個人再生の場合は、再生計画案が債権者によって可決されたとき、給与所得者等再生の場合は債権者の意見聴取期間が経過したときに、裁判所は不認可事由がなければ認可決定を行います。この認可決定が確定すれば、手続きは終結します。

　認可決定確定後は、計画の変更や再生計画の遂行が極めて困難になった場合に裁判所の免責決定を得て認められる免責制度（ハードシップ免責）、再生計画の取消などの特別の場合を除いて、裁判所は関与しません。個人再生委員が選任されている場合も、その個人再生委員が再生計画の遂行について関与することはありません。

■ 個人民事再生手続の流れ

- 債務者が個人であること
- 債務の総額が5,000万円を超えないこと
- 将来において継続・反復して収入を得る見込みがあること（小規模個人再生の場合）
- 給与または定期的収入を得る見込みがあって、その金額の変動の幅が小さいと見込めること（給与所得者等再生の場合）

↓

個人民事再生手続開始の申立て

↓

再生手続きの開始決定が出る

- 裁判所が債務者の財産を調査
- 報告書の提出
- 再生債権の提出 → 再生債権の評価

↓

再生計画案を提出する

・小規模個人再生では書面による債権者の決議が必要
・給与所得者等再生では債権者の意見聴取が必要

↓

再生計画を認可・再生債権の確定

↓

返済計画の履行　計画の履行完了まで数年かかる

【監修者紹介】
松岡 慶子（まつおか けいこ）
認定司法書士。大阪府出身。神戸大学発達科学部卒業。専攻は臨床心理学。音楽ライターとして産経新聞やミュージック・マガジン、クロスビート、CDジャーナルなどの音楽専門誌等に執筆経験がある。2013年4月司法書士登録。大阪司法書士会会員、簡裁訴訟代理関係業務認定。大阪市内の司法書士法人で、債務整理、訴訟業務、相続業務に従事した後、2016年に「はる司法書士事務所」を開設。日々依頼者の方にとって最も利益となる方法を模索し、問題解決向けて全力でサポートしている。
監修書に『図解で早わかり　商業登記のしくみ』『図解で早わかり　不動産登記のしくみと手続き』『福祉起業家のためのNPO、一般社団法人、社会福祉法人のしくみと設立登記・運営マニュアル』『入門図解　任意売却と債務整理のしくみと手続き』『最新　不動産業界の法務対策』『抵当・保証の法律と担保をめぐるトラブル解決法』（いずれも小社刊）がある。

はる司法書士事務所
大阪府大阪市中央区平野町3-1-7　日宝平野町セントラルビル605号
電話：06-6226-7906
mail　harulegal@gmail.com
http://harusouzoku.com

すぐに役立つ
図解とQ&Aでわかる
金銭貸借・クレジット・ローン・保証の
法律とトラブル解決法128

2018年2月28日　第1刷発行

監修者		松岡慶子
発行者		前田俊秀
発行所		株式会社三修社
		〒150-0001　東京都渋谷区神宮前2-2-22
		TEL　03-3405-4511　FAX　03-3405-4522
		振替　00190-9-72758
		http://www.sanshusha.co.jp
		編集担当　北村英治
印刷所		萩原印刷株式会社
製本所		牧製本印刷株式会社

©2018 K. Matsuoka Printed in Japan
ISBN978-4-384-04780-6 C2032

JCOPY〈出版者著作権管理機構　委託出版物〉
本書の無断複製は著作権法上での例外を除き禁じられています。複製される場合は、そのつど事前に、出版者著作権管理機構（電話 03-3513-6969　FAX 03-3513-6979　e-mail: info@jcopy.or.jp）の許諾を得てください。

再生手続の終結

　小規模個人再生の場合は、再生計画案が債権者によって可決されたとき、給与所得者等再生の場合は債権者の意見聴取期間が経過したときに、裁判所は不認可事由がなければ認可決定を行います。この認可決定が確定すれば、手続きは終結します。

　認可決定確定後は、計画の変更や再生計画の遂行が極めて困難になった場合に裁判所の免責決定を得て認められる免責制度（ハードシップ免責）、再生計画の取消などの特別の場合を除いて、裁判所は関与しません。個人再生委員が選任されている場合も、その個人再生委員が再生計画の遂行について関与することはありません。

■ **個人民事再生手続の流れ**

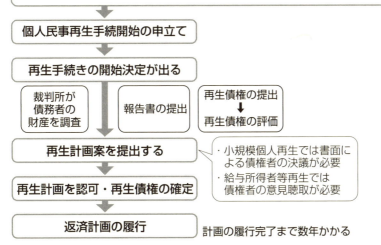

第8章 ● 債務整理の手続き　255

【監修者紹介】
松岡　慶子（まつおか　けいこ）
認定司法書士。大阪府出身。神戸大学発達科学部卒業。専攻は臨床心理学。音楽ライターとして産経新聞やミュージック・マガジン、クロスビート、CDジャーナルなどの音楽専門誌等に執筆経験がある。2013年4月司法書士登録。大阪司法書士会会員、簡裁訴訟代理関係業務認定。大阪市内の司法書士法人で、債務整理、訴訟業務、相続業務に従事した後、2016年に「はる司法書士事務所」を開設。日々依頼者の方にとって最も利益となる方法を模索し、問題解決向けて全力でサポートしている。
監修書に『図解で早わかり　商業登記のしくみ』『図解で早わかり　不動産登記のしくみと手続き』『福祉起業家のためのNPO、一般社団法人、社会福祉法人のしくみと設立登記・運営マニュアル』『入門図解　任意売却と債務整理のしくみと手続き』『最新　不動産業界の法務対策』『抵当・保証の法律と担保をめぐるトラブル解決法』（いずれも小社刊）がある。

はる司法書士事務所
大阪府大阪市中央区平野町3-1-7　日宝平野町セントラルビル605号
電話：06-6226-7906
mail　harulegal@gmail.com
http://harusouzoku.com

すぐに役立つ
図解とQ&Aでわかる
金銭貸借・クレジット・ローン・保証の
法律とトラブル解決法128

2018年2月28日　第1刷発行

監修者	松岡慶子（まつおかけいこ）
発行者	前田俊秀
発行所	株式会社三修社
	〒150-0001　東京都渋谷区神宮前2-2-22
	TEL　03-3405-4511　FAX　03-3405-4522
	振替　00190-9-72758
	http://www.sanshusha.co.jp
	編集担当　北村英治
印刷所	萩原印刷株式会社
製本所	牧製本印刷株式会社

©2018 K. Matsuoka Printed in Japan
ISBN978-4-384-04780-6 C2032

JCOPY〈出版者著作権管理機構　委託出版物〉
本書の無断複製は著作権法上での例外を除き禁じられています。複製される場合は、そのつど事前に、出版者著作権管理機構（電話 03-3513-6969　FAX 03-3513-6979 e-mail: info@jcopy.or.jp）の許諾を得てください。